U0771083

教育
发现

为 教 师 立 言

教育发现

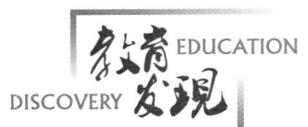

EDUCATION

DISCOVERY

ZUO YOU GUSHI DE JIAOYU

做有故事的教育

王维审 著

山东文艺出版社

自序：给教育一个故事

故事的魅力就在于，它不是敲着我们的头指指点点，而是将教育娓娓道来。

更多的时候，似乎是教育在一直裹挟着我慢慢行走。它既不会让我感到窒息，也不会让我彻底绝望，它只是看似宽容地暗示我：你尽可以选择随遇而安。直到有一天，我遇见了故事。

1

《南村辍耕录》里讲了这样一个故事：南宋有位官员，想在杭州找个小妾，找来找去没遇到可心的。后来，有人给他带来一位叫奚奴的姑娘，问她会些什么，她说会温酒。周围的人都笑，温酒算什么才艺呢？官员倒是没笑，而是请她温酒试试。头一次，酒太烫；第二次又有点凉；第三次合适了，官员喝了。从此以后，奚奴温酒再没失过手，每次都像面试时的第三次那么好。官员很高兴，便把她纳为妾，一生呵护，死后把家产也全部给了她。

如果故事只讲到这里，充其量是个供人茶余饭后取乐的段子而已。

但是，在故事的结尾，作者由这件事悟到了一个特别经典的道理：一事精致，便能动人，亦其专心致志而然。这就让故事的价值豁然明朗起来：原来，每个故事里都有一定的隐喻存在，都隐藏着某种道理或行为法则，总能给予我们这样或那样的人生启迪。

那么，如果我们在教育里植入故事，会有怎样的改变发生呢？换句话说，故事对教育有着怎样的价值和意义呢？我想，大概有这么两点：一是促进教师的自我成长，教师可以尝试把发生在教育实践中的事件以故事的形式记录下来，并在记录中获得反思的机会和可能，从而帮助自己在叙事中不断反思、不断成长，这是一种"自己培养自己"的主动成长；二是促进学生的生命成长，教师可以利用故事里的隐喻对学生施加教育影响，通过科学巧妙的教育性设计充分挖掘故事的教育价值，从而帮助学生获得源自内心的成长，这是一种以"心灵培育心灵"的生命成长。如此，故事对师生就具有了一种温暖的、不可替代的教育意蕴。

再回过头来看"奚奴温酒"故事中的隐喻。"一事精致，便能动人"，这样的人生哲理浅显，容易被我们忽略，太多的人，总想着在各个方向上都获得巨大的成功，在各个领域都独领风骚，于是，见到什么都要去争抢，不管自己是否具备争抢的基础，也不管要去争抢的是否真是自己最需要的东西。这样的争抢，因为没有明确的方向和目标，很容易耗费精力和体力，也很容易让激情过后的生命趋于淡漠和倦怠。所以，奚奴给我们带来的启示就显得尤为重要：找准自己的专业方向，不断地走下去，直到抵达极致的巅峰。

回顾二十多年的教育实践，我发现自己似乎只是在做同一件事情，那就是不断地在教育实践中种植故事。一辈子，一件事。做一个有故事的人，做一个讲故事的人，做一个用故事的人，做一个研究故事的人，也许就是我这一生最为清晰的轨迹。幸运的是，因为故事的介入，我的人生和教育都发生了出乎意预料的改变：丰盈，与不断被丰盈。那么，我写这本书的目的，就是想把自己与故事之间的故事，以叙事的形式呈献给更多的人。

2

任何人，都不会轻易错过成长。但是，在大多数时候，中小学教师的成长中似乎总有一些错位存在。比如，缺乏自我成长的能力，总是渴望从培训中觅得成长的"灵丹妙药"，总是希望借助他人的指点一下子变得豁然开朗。再比如，缺乏自我提升的能力，在教育研究领域处于失语状态，需要借助专门的研究者替自己表达和主张。

这就造成了一种必然的现象：一是中小学一线教师越来越接近于消费群体，"只入不出"成为大多数教师的职业发展常态；二是大量拥有丰富实践经验的一线教师，成了他人的研究样本，成了教育领域"写文化"中被"写"的主人公。也就是说，在成长的道路上，我们过多地将目光投向了他人，过多地把手伸向了他人，而很少想到自己应该做什么，可以做什么。那么，我们可不可以自己去做一个发现者？从自己或他人的故事中去体察人生的滋味，寻找教育的真谛，去实实在在地思考对教育的认知和把握。那么，我们可不可以自己去做一个书写者？从繁琐芜杂的教育生活里挖掘出一些鲜活的细节，用理性的思维和清晰的文字——记录下来，去反思，去反刍，去获得一些明亮的经验和敞亮的情怀。

事实上，这些恰恰是大多数教育者所欠缺的。

如此想过之后，接下来的问题就是：一线教师如何做一个可以书写自己的人？我觉得，叙事写作就是最好的一条路径。所谓"叙事写作"，说白了就是"写故事"。对教师来说就是撰写教育故事，通常可以把其文本称为教育叙事。教师写作的路径有很多，我为什么建议大家从教育叙事写起呢？原因可以归结为两点：从写作者的角度来说，讲述故事是一种低门槛的写作形式，写作的素材丰富，接近于教师的真实生活，可以让教师在写作中不由自主地开展自我反思，从而轻松地进入研究状态；从读者的角度来说，教育叙事文本具有描述生动、感受细腻、形象丰满等特征，容易激起阅读者的共鸣，从而不断"点头"认同，进而对其承载的教育学意义有所领悟。

归结起来，叙事写作无论是对写作者还是阅读者来说，都可以引发成长的可能。但是，严格来说，叙事写作对写作者而言成长价值会更大一些：一方面，叙事写作让一线教师获得了发出自己声音的机会，教师们可以自己说自己的故事，自己讲自己的观点，自己抒发自己的情怀；另一方面，叙事写作使教师进入知识生产的前端，改变了教师在知识"生产、分配、消费"链条中的位置，提升了教师的科研地位。

至于如何撰写教育叙事，我在本书的第一章中就进行了详尽的讲解。虽然只是一孔之见，却也是我二十多年叙事写作的经验，多多少少会有一些借鉴价值。

3

也许，我们的教育太过于"一本正经"。

精细的管理，苛刻的规范，严厉的惩罚，自以为是的灌输，教育之中无处不在地弥漫着一种背离人文的气息。其实，细想一下会发现，每次与已毕业的学生相聚，师生之间谈论的肯定不是知识和学问，也不是成功与成就，而是发生在彼此之间的那些值得回味的细节，那些有滋有味的故事。我觉得，这些才是给学生的人生营养，才是让学生的生命富有韧性和活力的人文质地。但是，那些严苛里也有一些是教育所必需的，倘若没有它们的支撑，学生的生命成长注定会失去硬朗，甚至失去可能。那么，我们如何去理解教育的"软"与"硬"呢？不妨做一个这样的比喻：如果是这些必要的"一本正经"架起了教育的骨骼，那么在这些骨骼之上还需要生长出更多的血与肉。

我以为，这份生长，唯独故事才能促成。

因为，每一个美好的故事里，一定包裹着某些价值观的内核，包含着真善美等人类的基本底色。这些潜在的教育元素一旦被打开，故事中最美妙的东西就会与学生的生命成长建立起因果关系。也就是说，叙事是可以育人的。它的育人价值的实现大致会遵循以下两种途径：一是关注学生成长中的每一个环节，抓住其中的关键事件，通过提升创新感和仪式感，给学生的学习生活增加闪光点和值得一生铭记的故事，以此达到影响、改变和教育学生的目的；二是借助经典故事，有策略、有规划地对各种教育途径进行叙事化改造，以此来提升教育现实的温度和情怀，实现教育的柔软性和科学性。

所以，故事就具有了某些教育的征象，改变了教育的质地——故事是一种柔软的教育，故事中的温暖可以带给学生爱和鼓励，在不知不觉中作用于学生的心灵；故事是一种无痕的教育，故事中的细节可以为学生的成长提供一种暗示，甚至是一份解决方案，从而让学生的行为发生正向的转变；故事还是一种教育艺术、智慧和策略，故事中的隐喻被充分挖掘并科学设计以后，可以帮助学生形成认识、改善行动，获得专业上和心灵上的双向成长。

如此，当教育里有了故事，教师就成了在真实、良善的生命田园上耕耘的播种者，情感就成了最好的犁铧，温暖就是孕育生命的阳光。而置于其中的每一个学生，就像是播下的种子，都会在美好的呵护中获得最茁壮的成长。

所以，在第二章中，我主要讲述的就是如何在学校中实现"故事育人"。比如，故事化了的晨会、班会、班级活动，让故事参与了的家长会、国旗下讲话，等等。

4

故事是温暖的，好的教育一定要有温度。

因此，对一个教师而言，不仅要有自己的故事，还要学会用故事改变自己的教育，形成自己的故事教育理念，生成个人的故事教育文化。有了这些，教育才会有温度。然而，从一个简单的故事持有者到一个智慧的故事开发者、使用者，这其中还有最重要的一个环节，那就是研究，以故事为核心的叙事研究。

叙事研究与传统的教育研究相比，最核心的区别在于研究视角的转变。比如说，传统的教育研究中，研究者并非教育研究内容的当事人，自然就只能通过外部的省察，通过"证明"的研究范式对他人的经验进行加工和再创造。而叙事研究的研究者即当事者，研究的过程是对自己教育实践的再认识和再加工，是一种从内部而来的教育知识生产。自然，叙事研究就应该隶属"发现"的研究范式。它遵循自下而上的归纳逻辑，善于从故事本身中寻找内在的"结构"，而不是先入为主地用演绎的概念框架去提取故事。这种由内向外的研究视角，恰恰印证了叙事研究的实践性属性，有助于解决教育研究的顽疾——教育理论与教育实践脱节，更有助于教师走上研究之路。

于我而言，叙事研究的意义还不止于此。走上教育岗位以来，我一直在实践和探索的无非就两件事：一是如何写故事，并在叙事写作中获得成长的经验与幸福；二是如何用故事，进而通过对教育手段的叙事化改造让教育发生改变。但是，这些充其量算是一种教育改良行动，还远谈不上是个人的教育理念。近年来，我开始了系统的叙事研究，不仅把曾经散落一地的实践经验串联成了体系完善的教育行动策略，还一点点地构建出了自己的教育理念——叙事教育。

在本书的第三章和第四章里，我所记录的就是自己如何实现从"教育叙事"到"叙事教育"的转身，并试着对"叙事教育"的基本理念进行了较为清浅的阐述。

5

故事是人生的营养。有些故事可以隐匿地蛰伏于生命的某一个角落，长久地散发精神的力量。也许，对于整个生命来说，这些故事就像一粒粒种子，一旦植入某段时光里，就会成为生命的一部分，就会深入我们的内心，渗透到我们的骨髓中，在某个恰当的时刻，就可以触动我们，感动我们，滋养我们，赐予我们力量，疗愈我们的创伤。无论过去多久，那些曾被深埋的意蕴，总会有意无意地影响着我们，激活我们的生命力，指引我们的人生。

故事都具有自己的意义。其实，当下的生活也是故事。教育生活中每一点细小的遭遇，每一点微不足道的惊喜，走过去，都是故事，同样对人的灵魂和灵性具有重要的滋养作用。如此，每位教师所经历过的那些教育过往，都值得被挖掘、被怀念，被写成一个个或好或坏的故事，然后从中寻找到一些意义。

如此，当我们面对教育里的成功或失败时，必须要学会咀嚼，学会利用文字和言说把诸多的际遇编织成故事。因为，一旦教育事件变成了故事，就淡化了那些苦着的、疼着的过往，就具有了经验的价值和情感的意义，就具有了警醒、借鉴和改变的实践功能。因此，我们需要学会写故事，把生活里的记忆和行走的烙印一点点刻成文字，缀成故事。如此，每当写下一个故事，我们身上都会有改变发生。只不过，有时候是让你按捺不住地去改变，有时候是让你不得不去改变。

也正因此，2016年1月，我发起了一次写作挑战活动，并借机成立了"叙事者"教师专业发展共同体。彼时，恰逢我的"觉者为师"系列中的第一本书《寻找不一样的教育》出版发行，似乎在无意之中暗合了一种教育的开始。时至今日，"叙事者"走过了三年多的时光，"觉者为师"系列也迎来了第四本书的出版发行。所以，我觉得，有必要谈一谈"叙事者"，聊一聊"叙事者"老师们身上所发生的各种各样的改变，并最终活成了什么样子。这也就是本书第五章的主要内容。

我是一个草根教师，最没有想到的就是有一天可以拥有自己的教育主张。很多年前，有一家媒体对我进行采访时，我说过这样一句话：是根，就有青草漫坡的心。是的，草根也可以有这样一颗心，在艰难而漫长的实践之后，找到自己的理论归宿。那么，我也可以算是一个现实的理想主义者：现实，是因为我可以真切地看到并感知教育里的种种困境；理想，是因为我坚信教育改良的可能，可以确认这样的信念和力量。

最后，倘若我们把"叙事教育"界定为一种教育理念的话，读完这本书你就可以找到答案；倘若我们把"叙事教育"界定为一种教育改良行动的话，那就可以将之简单地概括为：给教育一个故事，让改变发生！

王维审

2019 年 2 月 20 日

目录

做有
故事的教育

做一个会写故事的老师 第一章

　　写故事对教师来说意义非凡，却容易被人忽略。首先，写故事强调对故事情节进行真实性的、情景化的动态深描，可以完整再现事情发生的地点、时间和情节等，这就为结论的归纳提供了足够鲜活的证据；其次，写故事的目的除了情感上的释放与表达以外，更重要的是探寻事件或故事背后的价值与意义，这样，"写"就成了教师了解世界和自我的重要途径，成了教师自我成长和专业发展的重要途径；再次，写故事的过程就是以研究的视角审视自己或他人经历的过程，带有一定的研究意蕴和色彩。

　　由此，我们就可以总结出写故事的两重意义：对写作者来说，写故事是一种深刻的内省方式，一种有效的研究行动，一种真实的自我成长；对阅读者来说，阅读是一次感同身受的心灵回应，是一次对他人经验或教训的鉴别与汲取，是一次站在他人肩膀之上的瞭望和成长。所以，马克斯·范梅南说，从事实践性研究的最好方法，就是写出和不断写出一个个真实的教育故事。

教师为什么要写作

教师为什么要写作？这个问题很难回答，之所以难以回答不是因为没有答案，而是因为答案太多。我下面写出的所谓"原因"，也只是我的一家之言，带有强烈的个人色彩和狭隘性，不足以彻底回答这个问题。我只是希望，通过写下的这些文字，来唤醒你对这个问题的思考，进而找寻自己的答案。

再往前一步是成就人生的关键

我给大家讲一个关于电话机的故事。

莱斯是一位著名的发明家，曾研制和发明过很多产品。在电话机还没有诞生之前，莱斯就想发明一种传声装置，使身处两地的人能够自由地交谈。莱斯用了两年多的时间，经过上千次的实验，终于研制出一种传声装置。令莱斯沮丧的是，他研制的这种传声装置可以通过电流传送音乐，却不能传递语音，更无法达到两个人异地对话的效果。经过无数次的改进和实验后，这项研制仍然毫无进展，无奈之下，莱斯宣布自己的研究失败了。莱斯由此认为，传声学根本无法解决两地之间语音传递的问题。

当时，美国的贝尔也在研究传声装置。在听说莱斯宣布研制失败的消息后，他没有对这项发明丧失信心，而是仔细研究了莱斯的传声装置，并在莱斯的研究基础上开始新的尝试。很快，他解决了莱斯的传声装置传送时间短促、讲话声音多变等难题，但改进的传声装置仍然无法传递语音。

是不是真的像莱斯说的那样，传声学根本无法解决两地之间的语音传递问题呢？贝尔也陷入了困境。一天下午，贝尔束手无策地坐在实验桌旁，对着改进多次的传声装置发呆，他的手无意间碰到了传声装置上的一颗螺丝钉，发现它有些松动。贝尔轻轻地用手将这颗螺丝钉往里拧了半圈，奇迹出现了：世界上第一部电话机诞生了！

得知贝尔发明了电话机，莱斯马上赶到贝尔的实验室，向他表示祝贺，同时请教研制成功的经验。贝尔向莱斯介绍了自己对莱斯那部传声装置的改进情况，莱斯说："这些我都试验过呀！"贝尔摸着那颗螺丝钉说："我将它往里拧了半圈，然后奇迹就发生了。"莱斯怎么也不肯相信，一颗螺丝钉多拧或少拧半圈，也就有5丝米左右的差距，反差能这么大？莱斯半信半疑地将那颗螺丝钉拧松了半圈，传声机果然没有了声音，他又将那颗螺丝钉向里拧了半圈，那部传声装置立刻就可以传递语音了。

莱斯惊呆了，后悔不迭地说："我距成功只差5丝米啊！"

5丝米有多长？是一颗普通螺丝钉的二分之一圈。很多时候，这个长度可以忽略不计。但是，莱斯败在这5丝米处，而贝尔却因为多拧了5丝米，成了家喻户晓的电话发明家。

几乎每个老师天天都重复着相同的工作，应付着相同的人和事，面对着相同的困惑和麻烦，可是，十年、二十年之后，各自却有着迥然不同的境地：有的人还在重复，有的人开始沉沦麻木，而有的人却走上了教育的高地。原因何在？走上教育高地的人往前多走了一步，多做了一点点而已。

有一个朋友曾经感慨地说："想当年，我和某某在学校里是并驾齐驱的两架金马车，甚至我的成绩还要稍高他一点点。现在年纪大了，我在学校早已成了'过时的凤凰'，不仅无人记得我当年的'勇'，自己甚至慢慢成了可有可无的边缘人。而某某却成了名师大家，有了自己的教育理念和思想，越老越时髦，越老越吃香……"感慨之余，朋友进行了十分深刻的自我检讨："我现在终于知道原因了，看起来我们都在上课、备课、批改作业、教育学生，没什么不一样，其实还是有些不同的。比如，我上课只是上课而已，而他上完课后都会把这节课的经验与教训写下来；我批改作业只是批改作业而已，而他批改完作业总是要找出班级学生的共同错误，然后不断地去分析出错的原因；我听专家讲座、报告最多就是听听而已，他却要写出一大篇像模像样的心得感受；我教育问题学生只是管住了学生而已，而他会认真地记录下来，还要去寻找更好的方法……总而言之，他在每一件事情上都比我多做了一点点。"

你看，因为多做了一点点，人生就有了更多的可能性，有了更丰富的方式，有了更辽远的回声。从这个意义上来说，多往前一步，往往就是一个人能够胜出、能够成就人生的关键。

写作带给人生更多的可能性

我想讲一讲杨雪梅老师。

杨老师是特殊教育学校的一位教师，和众多的老师一样，她每天尽心尽力地工作，忙忙碌碌地生活。2015 年，她在自己申报的市级名班主任进行考核时，才发现自己需要一篇已发表的论文。她很着急，却毫无办法。参加工作以来，除了学校要求的工作总结之类的材料，自己就没有正儿八经地写过文章，哪里会有文章发表呢？周围的人也大都是花钱找关系发表文章，或者直接通过某种渠道去买版面——这应该是一种比较盛行的常态。

她也动了花钱买论文的心思，却又犹豫不决：一方面是怕买到假论文，浪费钱不说还会丢掉脸面；另一方面，这样做会令她无法面对自己的内心，毕竟花钱买论文不是一件坦荡的事，自己根本无法彻底说服自己。就在犹豫不决中，她把自己为一个学校活动而写的一篇稿子投了出去。幸运的是，没过多久，她接到了编辑的回复，那位编辑否定了稿子，却肯定了她的文字表达能力。

这让她兴奋不已，没想到自己竟然还有写作的可能性。就这样，争取自己写文章去发表的念头慢慢从心里涌起。往往是，想起来容易做起来难，当真拿起笔来开始写时，她才发现写作是件很痛苦的事情：既不知道怎么去写，也找不到写作的感觉。但是，骨子里一直潜藏着的不服输、不安于现状的特质，让她在教育写作的道路上选择了义无反顾。

2016 年 3 月，她开始有意识地写作。迄今，两年多的时间，她已经在各级教育报刊上发表文章两百余篇，成了诸多教育杂志争相约稿的优秀作者、《当代教育家》等杂志的特约记者、《中小学心理健康教育》杂志的封面人物。我说这些，并不是强调发表文章的重要性，也不是号召大家都去发表越来越多的文章。我想表达的是：一个曾经打算花钱买论文的老师，在短短两年多的时间里，竟然成了几乎每周都会有文章发表的写作高手，这肯定是杨老师没有想到的事，你看，人生的可能性就是这么不可预计。

其实，我更看重的是经过两年多的教育写作杨老师身上所发生的更多变化。

其一，写作让她有了自觉超越平庸的底气。一提到"特教"，人们容易想到的关键词多是封闭、神秘与不易理解。相对封闭的办学系统让外界很少有机会了解这些教师的工作与生活，也让他们很难获得与外界交流的机会。特教看起来更像是一份"与世隔绝"的工作，一个很容易被人忽视的领域。也正因如此，这类教师似乎更有理由选择安于现状的生活方式，更有机会按部就班地做一个"普通人"。在这样促侠的世界里，杨老师为什么能够开始反思自己的教育生活，踏上背叛平庸的挑战之路？我想，原因是写作，是写作让她看到了未来的光亮，并坚定地去寻找光亮的未来。

其二，写作让她习惯了站在高处看教育。教育本身就是一项很琐碎的工作，特教工作更是如此。在外行人看来，特教更倾向于看护和看管，似乎不需要多少教育艺术和智慧。但是，在不断地写作中，杨老师对教育开始有了更加深刻的理解——在她看来，给孩子足够多的关爱与呵护是特教工作者的追求，让孩子在身体和精神上获得独立则是更加理性和专业的追求。所以，现在的她，不再仅仅关注学生的吃喝拉撒，而是渴望给学生更多专业的、有助于学生独立的指导。

当然，杨老师的变化还有很多，我无法一一用语言描述出来。但是，我相信，一个具有了行走勇气和成长追求的人，她的人生一定会有越来越多的可能性。

写作是一种最为深刻的对话

1

我曾经历过人生最为灰暗和艰难的时光。

有一次，在出差的路上，我偶遇了一个见证过我的这段灰暗时光的同事。在漫长无聊的旅途中，人与人之间往往很容易建立起信任感。我们一起聊了很多，我向他聊起了自己曾经历的那份痛苦。而他竟然惊讶地说："我们一直认为你挺幸福的呀！不用备课，不用上课，还不用和学生生闲气，不就是干点苦力活吗？"你看，我自以为无法逾越的那种苦闷，在别人那里并没有丝毫的感受；我无法排解的那种被侮辱的感觉，在别人的世界里根本就没有任何的共鸣。

忽然间，我明白了一个道理：每个人都会有一段别人无法体味的，只有自己才能够感受到的，异常艰难的时光。所谓感同身受，不过是安慰人的一种幌子。你的世界里的阴霾，别人怎能看得到，既然看不到，又怎能深刻地与你一起领悟到呢！对于一个人来说，无论再苦再累，无论是否到了自己世界的末日，能够救你的只有你自己。所以，越是艰难，越要学会拯救自己。

其实，任何一个人在这个世界上走过一遭，总会多多少少地沾染上五花八门的痛苦。这些痛苦在心里积压多了，往往会摧毁一个人的意志。我很明白，疼痛是一种毁灭性的伤害，很容易成为一个人颓废的理由。太多的人，就是在无休止的怨天尤人中变得沉沦。幸运的是，在那段最为艰难的日子里，我保持了足够的清醒，无时不在寻找一种最为恰当的方式来安顿生命里的痛感。甚至，我都在想，假如一切都无法得到妥帖的安顿，至少也要找到一个让痛苦逃离的出口，对自己做出尽可能多的解释、安抚与激励。

因为这件事，我写了一篇文章《只有孤独》。现在想来，这篇文章并没有什么具体的意义，甚至谈不上有什么巧妙的篇章结构。但奇怪的是，当文字在愤懑中一个个落下，我的内心开始慢慢变得宁静起来。跃然纸上的那些"孤独"，竟然在不知不觉中完成了对痛苦的排解。事实上，恰是这种看似无用的写作，帮助我走过了那段最为艰难的日子。慢慢地，我发现，在所有能够帮助我改变恶劣处境的方式中，写作成了最好的一种。以至于在被"贬"至联中的日子里，在每一个不如意的时刻，我都会在夜深人静的时候，拿出一页纸、一支笔，把自己和盘托出，清晰地晾晒在自己的眼皮底下，然后，完成一种对话——真实的自己与理想的自己之间不需要声响的对话。

可以说，用文字对话就是一种治疗，一种自我的、自己对自己的治疗。在对话的深处，所有的伤痛都会被一点点清洗，由浓而淡，直至消失，或者隐匿到轻易碰触不到的角落。说得文艺一点，这应该叫作疗愈。那么，写作就是这样的一种疗愈。

其实，每个优秀的人，都会有一段孤独的时光。那段时光，是付出了很多努力，忍受了很多寂寞，不被人理解、不被人看重的日子；是在沉默中孑然独行，在无望中依然坚持，没有问候、没有掌声的日子。这样的一段时光，是需要文字的日子，是需要通过写作成全的日子。所以，时至今日我仍然宁愿选择封闭、冷清的生活，用写作来解读寂寞。也就是在这样的写作中，我的精神版图被一点点打开，我的文字锤炼能力持续攀升，我更懂得了如何让自己的精神与磨难一起在生活中扎根。

2

《教育时报》曾刊发过我的一篇文章，题目是《教师管理，可以超越利益刺激吗》。这篇文章的大概意思是说，教师的职业倦怠，在很大程度上是教育管理过于推崇利益刺激造成的，作为学校管理者，应该想方设法诱发、保持教师最原本、最清澈的那份教育动机，而不是通过一再提高外在刺激力度来达到激发其斗志的目的。

文章的末尾，我针对当前学校管理者不愿意在教师培养方面下"软功夫"的现状，提出了如下建议：引导教师在工作过程中获得自身的存在感、满足感和神圣感，这一过程虽然艰难而漫长，甚至会出现暂时失效、后退、失败的现象，但从教师成长和教育发展的长远意义上来说，不仅值得，而且必须。

文章发表后，我很快收到了责任编辑吴松超老师的邮件：

王老师：

您好！我是《教育时报》的吴松超。前不久，我报的"管理者"栏目刊发了您的文章《教师管理，可以超越利益刺激吗》。这篇文章写得很好，在编辑过程中就受到总编的好评，后来在读者中如期产生了强烈的反响。我的一位读者朋友，宜阳县教体局的裴老师还专门写了一篇反馈文章，对您的观点大为赞赏，我转发给您。

很多读者纷纷来信，在认可您的观点的同时，也提出了一些愿望，他们希望您能够就这一问题继续写下去，更深入地探讨应该如何去解决这个问题。比如，怎么消除利益刺激对教师成长的副作用？怎么办纯粹的教育？学校的教育管理方面需要做些什么改进？所以，我想请您再写个续篇，可以吗？

读完吴老师的邮件，我用最快的速度打开了他转过来的《裴老师的信》。裴伟国老师在信中对我的观点表达了认可，并结合自己的成长经历及工作实践谈了自己的一点遗憾。

他说："多年来，我历经中小学教师、班主任、政教主任、副校长、校长、教研员等多个岗位，对教育的理解不断加深，却始终困惑于我们的教育管理。如今，因工作调整，我来到教体局工作，起初我想尽自己的绵薄之力推进区域内的教育改革，但终因才疏学浅，未能深刻领悟教育管理之精髓等原因，理想终究成了空想。"然后，他用较多的篇幅介绍了自己曾经做过的努力，以及最终失败的困惑。他希望能够继续读到我对这一问题的看法。

其实，裴老师的信给了我很多启发，再加上其他读者的零星建议，我的灵感一下子被激发出来。仅用了一个小时的时间，我便完成了回应文章——《从两个案例谈激励教师的管理新路径》。在文章中，我通过叙述陈玉营和王玉鹏两位老师的成长，揭示了他们的觉醒、觉悟之路，并顺势提出了三个主张：一是管理多元，让评价富有弹性；二是标准多元，让成功成为可能；三是选择多元，让成长自带能量。

文章发表后，更多的读者通过 QQ、微信等谈了对文章观点的看法，并希望我能够就以上三点更加详细地谈些具体做法。这些读者中，有一线教师和班主任，有名师名校长，有名声显赫的教育大家，在接下来的日子里，我们通过文字相识并交流思想。我的思路在与他们的交流碰撞中被打开，对问题的思考变得越来越深入。短短两个月的时间，由这篇文章而引发的新文章达到了二十多篇，改革的策略与路径也由这三条拓展到了二十多条，教师成长的"新路径"也越来越多。

我在想，假如没有吴老师的"续写之邀"，没有裴老师的"书信畅聊"，没有众多读者的对话交流，我不可能对这个问题思考得如此深刻，也设计不出如此多的探索方案。可以说，就是因为这样的不断对话，我的思路敞开了，我的思考被激活了，我的想法得到了彻底梳理。由此，我也在不知不觉间获得了成长。

无疑，写作就是一种对话。这种对话分为两种：一是和自己对话，像前面提到的自我疗愈以及杨老师的自我反思，就是通过与自己对话来更好地面对自己，净化自己的灵魂，实现自我的升华；二是与他人对话，就像我刚刚提到的二十多篇文章的来历。

毫无疑问，对话是教师成长最为重要的一个途径，特别是与高素质的名师对话，肯定会促进教师的飞速成长。可是，众多的一线教师受工作所困，大都被局限于学校之内，很难获得与大师对话的机会。那么，写作就是一个不错的选择。利用文字，把你的所做、所见、所思写出来，通过媒体传播到远处，你便获得了与众人对话的机会。

如何帮助自己写下去

愁写作、怕写作、不愿写作已经成为教师群体的写作常态。近几年，教师的写作意识逐渐苏醒，大多数教师开始认识到写作对于个人成长的重要性。但是，当他们真正拿起笔开始写作时，却为"写不下去"所困。那么，教师应该如何让自己"开始写"，并长期写下去呢？下面我就结合以下三个问题，谈谈自己的一些经验和做法。

心里有话，写不出来，怎么办

有个老师给我留言："王老师，我很羡慕你可以那么流畅地用文字表达自己。我这个人有个'毛病'，就是纵然心里有千言万语，拿出纸笔写时却一个字也写不出来。有时候，我很想写一篇文章，可往往是开个头都要一遍遍重来，然后就放弃了，总感觉表达不好自己的意思。我是不是没有写作的'细胞'？你有什么好的办法吗？"

其实，每个人的心里都藏着一条江河，很多人也都有类似的困惑：想时波涛汹涌、天高海阔、纵横千里，写时拘谨羞涩、理屈词穷、干干巴巴。要解决这个问题，我觉得可以做如下尝试——

马上开始，不要犹豫。当你心里突然有了写的冲动，就马上开始写作，千万不能给自己所谓"讲和"的机会。手头的笔不好使呀，环境有点嘈杂呢，再等一等，要不先喝杯茶……诸如此类的借口，很容易让刚刚涌起的那点念头瞬间消失，然后就永远无法再捡拾起来。所以，一旦打算写了，就马上拿出笔或打开电脑、掏出手机，随便找一个能够写字的方式，毫不迟疑地写下去。

说要说的话，而不是应该说的话。我们为什么会有话写不出来的困扰？无非是因为我们在不由自主地控制自己。在心里想是一件很私密的事情，很少有人会担心想的内容不够严谨、不够条理，所以才可以完全放开自己，让思绪自由驰骋。而写出来却是一件很公开的事，白纸黑字往往是一种庄重的代言，所以拿起笔时容易反复考量语法是否正确、表达是否清晰，有些话到底该不该说、说得是不是合适，这就很容易使自己端起来，然后就不敢轻易落笔，也不知道该如何落笔了。所以，让自己有话可写的方法就是：说你要说的话，不要说你认为应该说的话，要允许自己写出全世界最烂的文字，允许自己写出最不成体统的文章。从理论上来说，就是不要控制自己，要彻底打开自己。

要写出许许多多的细节。很多时候，写着写着就无话可说了，留下的文字大都是些"学生打碎了玻璃"之类的记账式语句，似乎用一两句话就可以概括一切。解决这个问题的方法很简单，那就是往细处写，不要只写"学生"，要写"一个学生"，要写"一个系着红领巾的学生""一个系着红领巾慌慌张张跑进来的学生"，甚至要写为什么会慌慌张张、为什么打碎了玻璃、打碎了玻璃之后他的表现是怎样的……然后一直写下去。如此，你就会写出很多很多的文字。在最初进行写作时，不必讲究写得好与不好，不要去想别人读了会怎样评价，只要能够写出许许多多的细节，写出洋洋洒洒的一大篇文章，就算成功了。因为，有了细节，就有了写出好文章的可能。

说出来，然后写。一个人表达内心的方式有很多，说、写、画、唱等都是常见的方式，其中"说"是最基本的一种表达方式。比如，一个人说起话来可以滔滔不绝，但写起文章来就很难"下笔如有神"，就是因为"说"比"写"要简单得多。从这个意义上来看，"说"是一切表达的基础，也是人最容易掌握、最熟练使用的交流方式。所以，当有些心里话确实无法写出来时，我们可以先说出来，然后再进行整理和提升。通常，我会选择用录音笔把自己说的话录下来，然后再把声音变成文字，之后再进行必要的删减和调整，这样一来"内心所想"就很自然地变成了文字，实现了个人思考的物化和固化。随着科技的发展，出现了很多可以把语音直接转化为文字的软件，这些软件让"说出来，然后写"变得更加简单、易操作。

必须持续地重新开始。教师写作不是为了写一两篇文章，而是要形成写作的习惯。前面说的四个写下去的"技巧"，强调的是写作冲动来临后的做法。写出一篇不管是否像样的文章，只不过是完成了一次写作练习。接下来要做的，就是等待下一个写作冲动的到来。如果等不到，那就要想办法激发自己的写作冲动，甚至通过一些外在手段强迫自己写下去。比如，公开对学生和同事宣称自己要每天写一篇文章，让他们成为自己的监督者。只有持续不断地写下去，才有可能养成写作的习惯，才有可能走进写作的深处，才有可能捡拾到写作的快乐。而一旦写作成了快乐的事情，真正的写作也就开始了，成长也就成了自然而然的事情。

思路不清，逻辑混乱，怎么办

最初写作时经常会遇到的问题是"看不透"，经历了某件事情，有所触动，想要表达出来却又理不清思路，有一种"不知从何说起"的尴尬。即使经过努力，写出来的文字也是东一句西一句，自己都不知道到底想要表达什么。在苦苦思索终不得主旨的挫败下，很多人就放弃了写作的念头。惧怕写作，也许就从这个时候开始了。

这个时候，我们需要的可能就是他人的参与了，因为对于一件事情的处理，凭借一己之力，有可能陷入"剪不断，理还乱"的困境。俗语说："当局者迷，旁观者清。"这是有一定道理的，当一个人无法准确把握自己的时候，他人的指点就显得尤其重要。曾在很长一段时间里，我筹建或参与了多个"叙事小组"，这些经历对我的个人写作起到了极大的帮助作用。

"叙事小组"就是众多教师在固定的时间、固定的地点进行集体叙事的教师成长组织。叙事小组可以在学校统一指导下组建，类似于学科教研组的组织与建设；也可以由教师自发成立，其活动形式更接近于教师社团。无论何种形式，叙事小组的人数不宜过多，以五至十人为佳；叙事小组的管理不宜过于行政化，互助成长、自主成长才是团队追求的行动目标。下面，我就简单介绍一下"叙事小组"的活动方式。

"叙事小组"的活动方式有两种，即集体叙事和个人叙事。集体叙事以说为主，就是小组成员在某个时间集合在一起，依次分享自己的教育故事。当一个成员分享结束，其他成员可以就倾听过程中的触动、感受进行互动交流。在这一过程中，讲述者的故事会在他人的"帮助"下变得愈加丰富，思路与表达也会愈加条理，很多原本未知的东西也会因被触发而变得清晰。个人叙事则以写为主，就是在集体叙事结束后，每个小组成员对自己分享的故事进行梳理、提炼，形成文章，是将讲述内容文字化的过程。在这个过程中，讲述者可以结合集体叙事中他人的建议和意见，对经过辩论、碰撞和质疑的故事进行必要的修改和调整，以便顺利完成文章的写作。

叙事小组倡导合作，其本质就是帮助教师把自己感兴趣的故事顺利讲述出来，然后形成文章的一种写作练习模式。但是，从实践情况来看，叙事小组的价值和意义已经超越了单纯的写作训练，更近似于一种教师成长模式。

言说和写作是两种要求不同的行动：言说像溪流，沿地势蜿蜒而行，自然流淌，一气呵成；写作更像建筑，谋篇布局，一篇文章之内就可以有复杂的结构、精巧的照应。相对来说，说话更随意，可以主题不明，也可以泛泛而谈；而写作则要严谨得多，不仅有事实的记录，还会有审慎的、反省的、批判的态度。大多数人喜欢说不喜欢做，这似乎是一个不争的事实，而叙事小组遵循了由易及难的训练策略，先从简单易做的事情入手，进而完成"难做"的事情，所以，叙事小组进行的这项训练，实质上是培养教师从言说者向书写者转变。往深了说，就是引领教师从实践者向研究者转型的尝试。

概言之，叙事小组倡导的以"集体叙事"激发"个人叙事"的原则，帮助教师实现了逻辑思维上的从模糊到清晰，表达方式上的从粗放到精致，教育认知上的从浅显到厚重。从这个意义上来说，叙事小组训练的不仅是写作，更是一种成长。

激情消失，豪情不再，怎么办

如果细想一下，每一个人都有过写作的激情。可往往是，听过一场报告，读过一篇文章，心动了，澎湃了，开始写了；然后是，遇到一段加班加点的忙乎，碰到一场没白没黑的劳碌，疲惫了，倦怠了，慢慢放弃了。其实，成长是一个很慢、很长的过程，会遇到很多的困难和挫折，这个时候，我们最需要的就是坚持，凭个人的毅力和定力去克服。

下面这位耿欣老师的成长经历，或许能够说明这一点。

耿欣，日照一个农村初中的教师，教两个班的数学，做班主任，年近五十，应该算不上年轻。她说，她做老师近三十年，没有发表过什么文章，也没有想过去发表文章，因为她知道自己属于不会写的那类人。

当看到周边的人，辛辛苦苦写了文章，费尽心思地发给报纸期刊，好不容易获得发表资格，却被告知不仅没有稿费，还要付一笔不小的版面费时，她"内心拔凉拔凉的"，也就更加坚定了拒绝写文章的决心。

但是，一件事情，很偶然地改变了她。

2016年，我发起了一个寒假写作挑战活动。她好奇加"无聊"，就顺便掺和了一下，没想到，竟掺和出了一个自己并不知道的自己。按照规定，那一个月内，写完三十篇文章就算成功，她竟然写了四十多篇。这还不算完，在接下来的日子里，她依然坚持写，坚持投稿。在短短的一年时间里，没有写过文章、没有投过稿的她，一口气发表了几十篇文章，每个月都会有几篇文章出现在纸媒上，甚至还有编辑开始向她约稿。在年度总结中，她说："挑战结束后，我给自己定下了每天写一篇文章的新挑战，并且一有空闲就投一下。有一天，我竟然同时收到了三张稿费汇款单。同时，我在《莒州教苑》开设了专栏，开始进行系列叙事写作。"

耿老师算不上一个十分聪明的人，也没有多少灵气透出来。从几十年不曾写过文章来看，她也没有多少写作天赋。为什么她会在短短的一年之内实现文字大爆发？为什么会在写作上有了令人惊叹的收获？我以为，原因只有一个，那就是发现了自己，并习惯了坚持。

其实，我们中的很多人并非不会写作，也不是没有写作的能力，只不过，由于习以为常的恐惧与排斥，根本就没有去认真地尝试过写作。没有尝试，就没有发现，许多人的写作天赋或许就是这样被忽视、被淹没了。就像耿老师所说："前半辈子，总以为自己是一个天资愚笨的人，总以为写作这种需要天赋的事情与自己无关。没想到，平庸了大半辈子，在无意之中发现了真正的自己，找到了自己喜欢并愿意一直做下去的事情。"

发现并坚持去做自己喜欢的事，是报复平庸的最好办法。二十年前，当我开始撰写叙事文章时，身边有很多同事已经在写，而且不停地有老师加入。可不到一年的光景，身边还在坚持的人却少得可怜。写作是寂寞而少见成效的劳作，不可能给予努力者以及时快速的回报。所以，当琐事缠身时，众多的人选择了放弃；当孤独寂寞时，更多的人选择了躲避。幸好，我选择了坚持，在他人热闹喧嚣的应酬中，在他人光鲜荣耀的热闹下，我选择了贫瘠中的坚守。时至今日，再回望这段经历，我有了这样的感悟：促使人成功的因素有很多，能否心无旁骛地坚持，应该是其中最重要的一个。

事实上，不仅是写作，无论做何事，没有坚持都不会彻底成功。现在想想，在你的人生经历中，有没有这样一件类似的事情：某年某月，一群人去做某件事情，最初每个人都斗志昂扬，但时间一长慢慢就有了退缩，就有了隐退，N年以后，突然传来别人的成功喜讯，有多少人会拍拍脑袋，恍然大悟般自语：曾经，我们是一起开始的呀！

也许这就是人生，很多的美好，都输给了"坚持"二字。

词汇枯竭，无从下手，怎么办

以杨雪梅老师为例，从未发表过文章的她，在步入写作之旅后，在2016年发表叙事文章七十多篇。这个数量，无论从哪个角度来说，都是十分惊人的，也很让人惊讶！那么，她是怎样快速成长起来的呢？从她的成长叙事文章《用文字，点亮一盏教育的心灯》中，我们似乎可以找到一些答案。

她说："我曾经用两个月的时间反复品读《寻找不一样的教育》这本书，以期摸透叙事文章的写作技巧，并将书中所有触动我、于我有所启迪的文字工工整整地誊抄出来，加深记忆；我曾从一些杂志中挑出叙事文章，只摘取其中的故事情节，从自己所关注的点和立足的角度来着笔重构，然后再与原文全方位比较，查找自己的不足；我曾让自己在作者与读者的双重身份中转换，在完成一篇文章后，反复以一个读者挑剔的眼光审读，再一次次修改完善，直到这篇文章触动自己的心灵；我曾走到哪儿都随身携带纸和笔，碰到发人深思的故事，甚至无意中冒出一个想法、几个语词，都随时记录，然后在每个夜深的微凉中将它们焙成有温度的文字……"

在这段文字中，杨老师给了我们如下的启迪——

多读书，多请教。俗语说，"熟读唐诗三百首，不会作诗也会吟"。书读多了，自然也就会写了，这句话有一定的道理。其实，阅读就是在向美好的东西学习，从一篇美文中，除了可以品味到人生的哲理，还可以学到写作的方法。如何入笔、如何叙事、如何感悟，诸如此类行文遣词的道理都可以在文章中找到答案，只要我们愿意去揣摩、去内化，肯定可以习得其中的奥秘。除此以外，互联网社会衍生出了 QQ 群、微信群等众多的写作交流平台，一些活跃在教育写作领域的老师大都汇集于此。倘若能够通过这些平台直接向一些"写作高手"请教，在写作方法上获得他们的指导，将会迅速提高自己的写作技能。

多借鉴，多模仿。杨老师将精心挑选出来的优秀文章进行局部摘选，然后依据骨架进行重新写作的做法，其实就是一种有效的写作借鉴和模仿。文章读过了，对重要的节点、手法有了大致的了解，就相当于临摹了书法大家的作品，比起独立撰写一篇文章要简单得多，也收获得更多。这让我想起了另一位写作者，他叫张志刚，是一位小学校长。他说："王老师，我为了写好叙事文章，曾将你的那篇《现实体制下，教育能否有一块柔软地带》熟读多遍，并且达到了背诵的地步。隔上一日，我就凭记忆把它默写一遍，然后再与你的原文进行对比。这个做法，让我收获不小……"而事实上，张校长的写作能力确实在短时间内有了很大的突破，而且他把故事引入了学校管理之中，自己成长为一位有教育特色的农村小学校长，被《中国教师报》作为典型进行宣传报道。

多观察，多记录。杨老师随身携带的纸和笔，其实就是她能够写出那么多优秀叙事文章的法宝——做教育的有心人。每一个走上叙事写作之路的人，或者说想要走上叙事写作之路的人，首先应该是一个有心人，要能够从一朵花里看到微笑，要能够从一片落叶里听到秋声，要能够从芜杂琐碎的教育生活里找到零零碎碎的美好。此外，还要学会用心珍藏这些美好，把每一个恍然大悟的时刻，每一次思绪喷涌的片刻，每一段一闪而过的灵光，及时记录下来，把它变成文字，变成文章。"一花一世界，一叶一菩提"，这样的人生哲理放在此处依然恰当。因为好的叙事，就是从教育的一点一滴中，发现教育的美好。

我们说，人的成长要有贵人相助。叙事写作也应该有贵人相助，这些"贵人"就是一本书、一篇文章、一次指点、一场辩论、一些故事、一种相遇……珍惜了它们，就有了迅速成长的可能。

叙事写作与论文写作

教育论文属于教育科研范畴中较为严谨的一种文体，比较注重理论体系的建构。近几年，随着教育专业研究与教师实践性研究不断被有意识区分，教师的论文写作逐渐形成了自己的话语风格，出现了更适合一线教师的论文写作范式。这种实践性论文，大都以叙事写作为基础，经主题性改造或理念性提升撰写而成。下面，我简单介绍几种由叙事写作而来的教育论文写作方法。

"串烧式"论文写作

"串烧"原本是饮食行业的一个术语，就是将肉类、海鲜、蔬菜瓜果等食物切片串成一串，放在炉子上或锅内加热至热的制作方法。后来，这一饮食名词被移植到其他领域，出现了歌曲串烧、铃声串烧、资讯串烧等概念。"串烧式"论文写作是把一组叙事文章进行串联组合，从而集中表达、论证某一种观点的写作方式。

在进行叙事写作时，我们往往会积累起大量教育案例。这些案例一般是通过一个教育事件揭示某一种观点，在问题解决方面显得单薄。但是，从积累的案例中，挑选出一些可以集中说明某一种理念或观点的，把它们有机地结合起来，就可以形成一篇比较成熟的论文。下面，我以《我们需要怎样的成长——基于兰山区班主任工作论坛的六个追问》为例，说明一下这类论文的写作思路。

步骤一：简要呈现问题提出的缘由。几年前，我参加了兰山区班主任论坛的评委工作，在为期三天的论坛活动中，七十余名班主任分享了自己的教育案例或成长之路。受他们的感染，我一口气写了十篇叙事文章。活动结束后，我把这些叙事文章进行了梳理，发现其中多数文章指向的是班主任成长问题。于是，有一个困惑从脑袋里冒了出来：在专业化发展不断被叫响的今天，班主任到底需要怎样的成长？以此为由，我决定撰写一篇教育论文，题目就定为《我们需要怎样的成长》。它的开篇很简单，只有短短的几十个字："最近，我参与了兰山区班主任工作论坛的评委工作。审慎思考之后，我有了这样一个疑问：在班主任专业化发展不断被叫响的今天，我们到底需要怎样的成长？并有了下面的六个追问。"

步骤二：表述问题论证的不同方面。我从十篇文章中选取了六篇，这六篇文章从不同角度谈到了班主任的不同成长问题，也就形成了六个班主任成长案例。我把这六个案例"串"在一起，就成了整篇论文的论证过程。而事实上，这六个案例不过是讲了六件事，是典型的叙事文章。以"追问三"为例，在这篇叙事文章中，我讲述了一些班主任以学生留恋自己为"荣耀"，把学生毕业以后无法适应新班级作为个人魅力丰厚的"证据"。就此，我提出了"我们应该让学生相信谁"的问题，并建议班主任们要尽量减少学生对自己的依赖，要全力培养人格独立、适应能力强的独立型学生，并给出了一些切实可行的经验做法。如此，六个案例分别解读了六种成长困惑，从而集中说明了文首提出的问题。

步骤三：归纳提炼简洁清晰的结论。这类论文的主要观点在各个案例中早已涉及，所以整篇文章的最后论述就不必再多么系统复杂，仅需进行必要的简单总结即可。在本论文的最后，我进行了简单总结："班级管理是一个极富弹性空间的成长领域，也是一种容易产生特色的教育实践。一个特色班主任的成长大概需要这样一个基本路径：通过一段时间的实践，成为一个合格的班主任，具有娴熟的、足够满足班级管理要求的能力和智慧；通过深刻的思考和反思，发现自己的特长和专长，做一个有特长的班主任；通过不断完善和张扬自己的特长，让特长成为特色；通过品牌的锻造和锤炼，让特色无限发展，做一个特色班主任。"在最后，我提炼出了自己的观点："简单地说，班主任的专业发展应该遵循这样一条路径：成熟班主任—有特长的班主任—有特色的班主任—特色班主任。"

如此，一篇七千余字的实践性论文在短时间内完成。后来，这篇文章发表在一家纯学术杂志上，还被"人大复印资料"全文转载，其学术性和研究价值由此得以证实。

"对照式"论文写作

在写作中，写作者把两种事物（或意思）加以对比，或者用一种事物（或意思）来烘托另一种事物（或意思），这就是对照。我所说的"对照式"论文写作，就是通过叙事把两种（或多种）经验做法进行新旧（或正反）对比，从而找到问题改进方法的一种写作方式。这种写作方式大概有三个基本环节，下面我以《从两个案例谈激励教师的新路径》为例，谈一谈具体的思路和写作方法。

步骤一，简要呈现问题或困惑。2016年5月4日，《教育时报》刊发了我的一篇叙事文章《教师管理，可以超越利益刺激吗》。文章发表后，在读者中引起了很大的反响，很多人就此问题进行了深入的探讨。于是，编辑部联系我，让我就读者关注最多的话题再写一篇文章，继续探讨

"教师管理"问题。当时，编辑告诉我说："王老师，你已经对传统的教师管理方式进行了梳理和总结，能否就这一问题再谈谈新的思路和方法呢？"

在5月4日的文章中，我先讲述了一个教师从激情洋溢到松散倦怠的心路历程，从而提出了传统的教师管理所存在的问题："当前的教师管理，主要是通过荣誉奖励、职称晋升等方式调动教师的积极性，弥补教师发展动力不足的缺陷。这种依靠利益刺激来提高教师工作积极性的手段，在一定时间段内确实具有一定的促进作用，但也存在因'僧多粥少、分配不均'而产生的负面作用。也就是说，依靠利益刺激的管理模式，只在教师成长的某些阶段起部分积极作用。从教师成长的全过程来看，要提升教师管理的质量，除了利益刺激，还需要另外的力量。"于是，我以此为基础，提出了"寻找新路径"的观点。

步骤二，叙述解决问题的不同路径。在这一环节，我列举了王玉鹏和陈玉营两位老师的成长经历，从新教师与老教师两个层面论证了"超越利益刺激"的管理完全存在。王玉鹏是一位参加工作五年的青年教师，在工作中取得一些成绩后，他开始被学校的量化考核弄得斤斤计较起来，时时担忧班级成绩下滑进而失去领导的赏识。后来，他开始在持续写作中反思自己的教育目的，从而成长为"不再特意关心名次和成绩，只想与学生在彼此的心灵交融中收获成长"的老师。陈玉营是一位参加工作三十年的老教师，因为职称到顶，他一度陷入了无聊和倦怠之中。后来他在对自己的工作经验进行梳理之后，在寻找个人教学特色的道路上开始了探索。最终"故事数学"的特色实践唤醒了隐匿在他内心深处的那份激情，紧接着，他开始了自己的"朝阳行动"。其实，在这篇文章中有两个对比：一是传统的教育管理案例与后面两位老师的自我成长案例之间的对比，二是青年教师王玉鹏和老教师陈玉营的成长案例之间的对比。这样的对比，为第三环节的结论获得打好了基础。

　　步骤三，得出与问题对应的行动策略。在此基础上，我提出了教师管理的三条新路径。一是管理多元，让评价富有弹性，就是在硬性管理中注入一些基于情感的柔性，让管理不至于因太过生硬而板结。只有感情因素的投入，才有可能唤醒教师的情怀，让教师的教育实践更多地朝向学生的生命成长，而不是一时一地的利益得失。二是标准多元，让成功成为可能。多一把尺子衡量就多一个成功者，教师成长的方向不同决定了成果的呈现方式各异。教育管理者在制定教师表彰奖励制度时，多搭建一些平台，让每一个教师在各自的成长方向上都有体验成功的可能性，这无疑可以唤起教师成长的愿望。三是选择多元，让成长自带能量。当教师有了尽可能多的成长选择，找到了适合自己的、触发兴趣的成长点，他们就会努力成为自备系统、自带能量的成长型教师。

　　任何一位教师都有对同一件事的多种实践经历。比如，对同一节课不同时间段的讲授，对学生相同问题不同时期的处理，等等。这些都是教师论文写作的宝贵素材，把具有典型意义的两种做法写出来，通过对比分析得出新的教育观念，这就是我们需要的论文。

"引用式"论文写作

　　面对同一问题，普通教师与专家型教师的处理与应对方式一定会有很大的差距，对他们的实施策略进行对比，有助于教育实践的优化。"引用式"论文写作作为一种写作方法，是指在叙述完成熟教师或优秀教师的实践经验后，引用专家的相关经验进行优化修正，从而获得更为优质的教育经验。这种写作，一般分为四个环节，下面我以《我们应该怎样爱学生》为例，做一简要说明。

　　步骤一，简要呈现问题或困惑。在一次班主任工作论坛活动中，两位班主任都提到了自己对班里学生偷盗行为的处理，这引发了我的深刻思考：在面对学生问题时，怎样的爱才是教师的专业之爱？

步骤二，成熟教师的通常做法。在这一环节，我用叙事的方式简述了两位优秀班主任的处理方式。在发现偷盗的同学以后，班主任 A 没有点破也没有追究，而是掏出了自己的两百元钱，谎称是在学生的床底下发现的，并宣布"盗窃"事件是一场虚惊。据班主任说，当时，偷钱的女生深深地低下了头。再后来，那个宿舍再也没有发生过偷盗事件，那个女生也变得开朗大方起来，学习成绩有了很大的进步。班主任 B 严厉指出了学生的错误做法，但答应替学生守住秘密。而且，他先垫钱让学生悄悄返还了本次偷盗的钱，然后要求学生制订一个还款计划，拟定通过捡拾饮料瓶等方法筹钱还"债"。在老师的帮助和监督下，这个学生利用很长时间，付出了很多辛苦才赚到了需要偿还的钱款。据班主任 B 说，他之所以要让学生通过自己的劳动来偿还自己的过失，就是要让学生明白一个道理：永远不要去拿不属于自己的东西。

应该说，这两位老师的做法比起普通教师来，已经是很成熟、很有教育智慧的管理策略了。但是，到底还有没有更好的办法呢？这个时候，我们就应该去了解专家在此类问题上的实践经验。这里的专家，可以是周围的名师大家，也可以是名人著作里的记录。我一直坚定地认为，在大多数时候，我们获得专家经验的最好办法应该是阅读。

步骤三，专家型教师的通常做法。在阅读苏霍姆林斯基的《要相信孩子》时，我读到了一个解决偷盗问题的案例。维佳是一个有过多次盗窃行为的孩子。有一次，维佳又偷了别人的冰鞋，教师发现后让维佳悄悄返还了冰鞋，并让维佳参加了学校的滑雪比赛。维佳在比赛中成绩名列前茅，得到了那次比赛的奖品——一副崭新的冰刀。教师又创造机会让维佳和比自己年龄小的男孩在一起滑雪。当发现那个男孩十分喜欢自己的冰刀时，维佳主动提议：两人平分冰鞋，一人一只。小男孩十分高兴，维佳却有些后悔了。正当维佳为刚才的冲动感到伤心时，老师走过来劝维佳把另一只冰鞋也送给小男孩。维佳很伤心，甚至大哭起来，但老师装作没看见似的，坚持劝说维佳送出另一只冰鞋。后来，老师开始帮助维佳培养其他的兴趣，使他以后再与小男孩一起滑雪时，慢慢不会因看到冰鞋而难受。老师还教育维佳用暑假期间靠劳动挣来的钱去买书、衣服和玩具，不仅自己用，也送给那个小男孩。从那以后，维佳再也没有偷过东西。

在这个案例中，教师在维佳的精神世界里培养了一种人生信念：喜欢的东西，要用自己的劳动去获得；美好的东西，与别人分享会得到更大的幸福和快乐。其中包含的教育境界有三层：一是教师要严厉禁止学生偷窃别人的东西，二是教师要帮助学生知道怎样获得自己想要的东西，三是教师要引导学生学会分享生命中的美好。很明显，这才是真正基于生命成长的专业之爱。

步骤四，行动改进与问题分析。通过对两位成熟教师的做法和专家的经验的对比，我们很容易获得一些行为改进方面的优秀经验，也就有了对教师专业之爱的理性思考：爱是教育的永恒主题，无论什么时候，爱都是教育的必须和必需。但是，怎样的爱才是真正的爱，才是适合学生和教育的爱，却是一个值得我们时时思考的话题。这三个教育案例足以告诉我们——在很多时候，我们并不会爱学生，至少爱得不够专业。

以上三种论文写作方式，虽然形式上有些差别，但其论证环节均以"实例"进行说明，而这个实例的呈现其实就是叙事写作的文本。也就是说，作为论文主体环节的论证部分，其实是由多个叙事案例组合而成的。换句话说，叙事写作属于论文写作的基础，叙事案例写好了，也就能够写出高质量的论文了。

学会用故事经营常规德育 第二章

香港一家保险公司推出了一则广告：彼得梦见与上帝同行，地上留下两串脚印，一串是他的，一串是上帝的，但当彼得经历一生中最消沉、悲哀的岁月时，地上的脚印就只剩下了一串。彼得问上帝："你答应过我，只要我跟随你，你就永远扶持我，可是在我最艰苦的时候，你却弃我而去。"上帝回答："孩子，当时我把你抱在怀中，所以，地上只有一串脚印。"寓言故事的最后一句话，道出了广告主题："当你走上坎坷的人生之路时，本公司陪伴着你；当你遇到不测时，本公司助你渡过难关。"

　　在业内，这种广告表现手法被称为"故事法"。其实，"故事法"也可以用来经营学校德育，具体做法就是以故事为教育的基本底色，以"讲故事、听故事、演故事、创编故事"为基本路径，把故事的柔性与教育性自然融进德育过程中。

让故事走进班级晨会

让故事说话，就是以生动贴切的小故事为切入点，动之以情，晓之以理，在无形中把美德与力量根植于学生的心灵深处。当我开始尝试在晨会中让故事说话时，教育终于被撬开了一丝闪烁着亮光的缝隙。

晨会，就是让心情沉重的会

在企业里，管理者每天会以班组为单位，利用上班前的五到十分钟时间，把员工集合在一起，互相问候、交流信息和安排工作，这便是企业里的晨会制度。

二十世纪九十年代末，教育开始向企业学习管理经验，企业中的一些做法被移植到教育领域。晨会，便是其中一例。很快，班级晨会成了班主任对学生进行"一日教育"的主阵地。那时候，几乎每所学校都有召开班级晨会的规定。而每个班级的晨会，也大都重复着几个如出一辙的环节：清点班级人数，总结前一天的班级情况，对班级存在的问题提出改进要求，强调当天的注意事项。

最初的时候，我会在每天晚上把第二天的晨会内容做一个简单的规划，比如总结的时候表扬谁、批评谁等；在分析班级问题时，基本上还可以做到一分为二，既有对自己的深刻检讨，也有对学生的明晰要求。实事求是地说，班级晨会确实给班级管理带来了一些看得见的实效。但是，班主任的职责不只有召开晨会这么一项内容，当每天如山般的工作任务一涌而来时，细致地做好一件事情，就变得特别困难。往往是，晨会计划还未构思完，人便在疲惫中沉沉睡去；班级问题还未来得及梳理，一个个更繁琐的任务便接踵而来。慢慢地，班级晨会没有了前期的规划和预设，会议的环节也越来越简化，批评学生、指责班级不良现象变成了晨会的主要内容。

一个很平常的早晨，当我急匆匆地从办公室往教室赶时，迎面而来的英语老师告诉我，班里有三个学生没有完成昨天的课外作业。我那本来就焦躁不堪的情绪被瞬间点燃：又是不完成作业，天天强调，说一千遍一万遍也没有用，看我这个晨会上怎么整治你们！来到教室门前，我用力推开教室的门，本来乱糟糟的教室瞬间静了下来——他们被这巨大的声响吓了一跳。"你，你，你！你们三个给我站起来！"几乎歇斯底里地，我把食指指向三个正在补写英语作业的学生。然后，就是劈头盖脸地一顿训斥。

怒火一旦被点燃，灼烧的就不再只是他们三个。怒火外延，语文、数学、物理……未写完其他科作业的学生统统被拎了出来，教室里站起来的学生足足有五分之一。怒火更旺，前天、大前天……一周之内曾经未完成过作业的，又站起来一大片。望着讲台下站着的、蔫头耷脑的学生，我内心的愤怒不由自主地开始泛滥。十分钟的晨会，被我咆哮的呵斥占据。后来，学生告诉我，这十分钟是他们经历过的最漫长的十分钟。

简单的东西最容易成为习惯。这种纯粹发泄式、批评式的晨会，在很长一段时间里成了我们班晨会的常态。不需要备课，无需任何思考，无意中知晓的一丁点班级问题，就可以成为我在晨会中发火的导火索。久而久之，不仅晨会的效果大打折扣，而且学生越来越不喜欢晨会。开晨会就是批评人，就是发火——这是学生私底下最常有的抱怨；晨会就是"沉会"，就是让我们心情沉重的会——这是学生在"把我写给你看"中的留言。

曾经有一个学生匿名给我写了一封信，信中说："老师，您生气的样子好可怕。大清早的，您劈头盖脸地对全班呵斥一通，会扫了我们一天的兴致。您有没有想过，生气会伤害您的身体，还会伤害我们的心灵……"其实，我很清楚以这样的方式召开晨会是对学生的一种伤害，愤怒和过多的指责只会让学生心情沉重进而走向沉默，再从沉默走向沉沦。更何况，一日之计在于晨，晨会的十分钟应该成为激发学生活力、使学生昂扬情绪的大好时机，应该是为学生注入激情和力量的时刻。

我很清醒，自己需要改变。但在清醒和现实之间还有一段路要走，那就是认真去思考：如何既实现晨会的教育意义，又让学生喜欢被"教育"的感觉？

把班级事件故事化

除了晨会，企业中的量化管理也被引入教育领域，尤其在班级管理方面备受欢迎。

与班级量化管理相配套的，就是"班级日记"和值周班长制度。大体的做法就是由值周班长负责写班级日记，把学生的言行举止以分数的形式进行量化。比如，"某某同学上课回头说话扣 5 分""某某同学未按时交作业扣 3 分"……诸如此类的班级事件用几个字简单概括，再标注上一定的分数，这些分数的累加就决定了一个学生的"好坏优劣"。

而这个班级日记就是班级晨会的主要素材来源。哪些人做了什么好事，哪些人做了什么坏事，从寥寥数语的记录中就可以读出来；全班同学一天的表现优劣，也可以通过数据清晰地划分出来。所以，几乎所有的班主任，都会要求值周班长在晨会中宣读一遍前一天的班级日记。

那个时候，我虽然在班级晨会中加入了故事元素，但是由值周班长宣读班级日记，仍然是晨会的第一道程序。有一次，当值周班长读到"小凌代替值日生关窗户加2分"的记录时，班里响起了热烈的掌声，被代替的值日生小李拼命举手想要发言。我示意小李可以说话后，小李激动地说："我觉得，加2分太少了，应该加5分！"学生哄堂大笑起来，这份笑感染了我，我不但没有生气，反而对小李说："先不管应该加几分，你能说说这件事的前因后果吗?"小李说："天黑前，当大风刮起来的时候，我忽然想起自己忘了关窗户，就火急火燎地跑到了学校。到学校时，几个未关窗户的教室里已经一片狼藉，玻璃碴子到处都是，但是咱们班的门窗却完好无损，关得严丝合缝。我明明没有关，窗户怎么是关着的呢? 好一番调查后，我才知道是小凌替我关的，所以我很感谢他。"

事情还没有结束。当天下午，有几个学生向我反映，说小凌其实也帮他们关过窗户，只不过他们怕老师知道自己失职，没敢告诉值周班长为小凌加分。下午放学后，我因为一些小事在学校多待了一会儿，路过教室时，我看见小凌正在锁教室的门。于是，我和他有了第一次教学之外的交谈。原来，小凌的座位在窗户附近，有一次值日生忘记关窗户，当天夜里下了大雨，把他的课本泡湿了。从那以后，他就坚持最后一个离开教室，遇到值日生忘记关门窗、倒垃圾等情况时，他都是默默地做好。这样的坚持，已经持续了很久，只不过我没有发现而已。

我临时决定，第二天的晨会上不再讲早已准备好的经典故事。第二天，当我动情地把小凌的故事讲完之后，班里爆发出持久的掌声。小凌，这个平时沉默不语的小男生，立马成了班里的英雄人物。更令我惊讶的是小凌随后在学习上的巨大变化，以及班里越来越多的无名英雄的涌现。做好事不留名，在班里成了一种时尚。从此以后，我开始搜集班级事件背后的故事，并把一些看似简单的事件，通过找寻前因后果及详细情节，演绎成一个个完美的班级故事讲给学生听。从事件到故事，丰富的不仅是细节和内容，更是事件的意义和价值——每一个事件都可以成为有价值的教育故事。从此，我开始注重"班级故事"的开发：我讲班里发生的故事，讲自己的故事。

就这样，真实的故事走进了我们的晨会。

就这样，我一边完善德育故事素材库，寻找更多的经典故事；一边挖掘班里真实的故事，把一些简单的班级事件丰富为有教育价值的班级故事。我将两种故事交替使用，让它们在最适宜的教育主题中散发出独特的魅力。

一起开发美好的故事

在刚开始的一段时间里，基本上是我一个人在讲述。我会根据主题需要选择一两个故事，加上自己的理解和感悟讲给学生听。这样的独角戏，我唱了有一年多的时间。慢慢地，学生听故事的热情似乎没有那么高了，几十双眼睛齐刷刷地盯着我听故事的情景渐渐成了"过去的事情"，故事结束后参与讨论的兴趣也淡了很多，甚至有人会在晨会中偷偷摸摸地补起作业来。

有一次，我因为有紧急任务不得不在晨会前离开学校，便委托一位同事代开晨会。同事不善于讲故事，便把我准备好的故事交给班长，让他自己想办法。班长便在班里征集讲故事的人，没想到学生们热情高涨，纷纷举手要讲故事。最终，经过竞争，一位同学争得了演讲权，不仅把故事讲得有声有色，还"擅自做主"添加了一个自己的故事。这件事，让我豁然开朗——自己讲故事，不仅累，还有可能费力不讨好，何不让学生成为讲故事的主体呢？从此以后，我便开始放权，逐渐让学生成了故事的主讲者。

刚开始，我们实行认领制。我把故事准备好，由班里的学生认领，并在晨会中演讲。后来，为了让更多的人有讲故事的机会，也为了"逼迫"不喜欢发言的同学尝试讲故事，我们又实行轮流制，按照座位顺序依次讲述班级故事。

寒假前，早已毕业、正在读大一的学生回学校看我。在办公室里，他们围着我聊天，聊上初中时的往事，聊大学里的新鲜事。忽然，我冒出一个念头，能不能让他们给学弟学妹们讲讲故事呢？当我把自己的想法说出来时，他们欢呼雀跃，纷纷表示要一展身手。就这样，在期末考试前最紧张的日子里，我们班的学生每天都在师哥师姐的清新故事里获取满满的能量。

也就从那时起，不仅班级故事的讲述者不再由我一个人担当，故事的开发也不再是我一个人的工作——故事的开发者中，不仅有班里的学生、已经毕业的学生，还有高年级的学生，甚至低年级的学生；不仅有学生家长、学校领导、任课教师和校工，还有社会上各行各业的领军人物。他们的故事内容丰富多彩，形式上有口述，有表演，有视频，甚至会伴有声光电营造出的动人氛围。当每个人都成为故事的讲述者时，我基本成了幕后人，我们的晨会也完成了从"一个人的独角戏"到"大家演绎故事"的华丽转身。

每天早晨，在故事中被感染和激励，成了学生最为享受的时刻。而那十分钟，分明已经成为一种精神印证，在学生的心中烙下了或深或浅的印痕——

"每天，睁开慵懒的眼睛，本打算再偷懒睡一会儿，忽然想起晨会上有一个精美的故事在等着我，身体里立马就像被注入了力量一样，愉快地穿衣、洗刷……"

"听故事，已经成为我坚持去上学的最大动力，我不知道，如果没有那么多的故事吸引，我会不会有勇气按时迈进天天需要写作业的校门……"

"一开始是觉得好玩，慢慢地就从中悟出了很多做人的道理……"

…………

多年后，当我再重新回味那段拥有晨会的日子，再与学生交流聆听故事的感受时，我们不约而同想到的，是那段沉溺在内心已久的文字：故事的魅力就在于，它不是敲着我们的头指指点点，而是将教育娓娓道来。

当"活动"里有了故事

传统的德育活动，一不小心就走向"高大上"，容易搭起巍峨的台子，却无法贴紧学生的心灵行走。原因在哪儿？我们的教育里缺少能够真正打动人的细节，缺少引发学生共鸣的故事。无论是做班主任，还是在学校主持德育工作，我都一直致力于把故事融入德育活动的探索。下面的案例，仅想告诉大家，如何用细节打造德育故事。

仪式的力量

我们区在中小学综合实践活动教育方面有一个创新之举，那就是把一所生源匮乏的农村高中改造成了中小学生综合实践基地。经过多年努力，该实践基地开发了系列实践课程，包括火灾逃生演示、地震体验等安全培训课程，家庭电路连接等科学探究课程，石磨盘磨面、养猪喂猪等农事体验课程，扎染、篆刻、布艺、陶艺等艺术审美课程，以及航空航海模型制作、素质拓展训练、社交礼仪培训课程……全区的中小学校每年都要安排学生到实践基地进行为期一周的全封闭培训。这样一来，就解决了各个学校单独开发综合实践活动课程"心有余而力不足"的问题，让学生有机会真正学习门类繁多的综合实践活动课程，在"玩"中学到一生受益的实用知识。

最初的时候，新鲜、刺激让参加活动的学生兴奋不已。随着去的人越来越多，次数越来越频繁，单纯的新鲜感已经不足以支撑一周的高质量"全封闭"实效。于是，打闹，整夜不睡觉……纪律成了带队教师最为头疼的事情。

2010 年，我第一次带领八年级师生参加综合实践活动。我觉得自己应该有所作为，在改变整个实践活动的效果单纯依靠新鲜劲来支撑方面，应该做一些力所能及的努力。于是，我想到了"仪式"，想通过一些隆重的仪式让学生去迎接一种全新的体验，想尽可能地培养学生用庄重认真的态度去对待任何事情的仪式感。

所以，那一年，我们一改过去领着学生就走的"随意"，举行了一个颇为隆重的誓师活动。这个誓师活动，在全校师生参加的升旗仪式之后进行：先是授旗仪式，校长向活动年级授一面校旗，其他领导向活动班级授班旗；然后是宣誓仪式，参加实践活动的全体学生，面向鲜艳的五星红旗和校旗、班旗进行宣誓；然后是出发仪式，学校的鼓号队、国旗护卫队在前面引导，教师擎校旗带队，各班依次执班旗穿过欢送的人群，在全校师生的夹道欢送中，八年级师生带着庄严和感动离开学校。

后来，学生在回忆这短短的二十分钟时，无不感慨：以前，我们是在打打闹闹中从校园中"疯"出来，一路疯到实践基地，然后自然是继续疯，直到疯狂；然而今天，我们是带着神圣感和自豪感迈出校门……铮铮誓言让我们懂得，我们是在做一件很有意义的事情，全校师生的夹道欢送让我们懂得，我们的一言一行事关整个学校的荣耀，不知道为什么，在那一刻，我有一种长大了的感觉，有了对自己负责的想法。

圣埃克苏佩里在《小王子》中这样解释"仪式"——

　　小王子在驯养狐狸后的第二天又去看望它。

"你每天最好在相同的时间来，"狐狸说，"比如说，你下午四点钟来，那么从三点钟起，我就开始感到幸福。时间越临近，我就越感到幸福。到了四点钟的时候，我就会坐立不安，我就会发现幸福的代价。但是，如果你随便什么时候来，我就不知道在什么时候该准备好我的心情……应当有一定的仪式。"

"仪式是什么？"小王子问道。

"这也是经常被遗忘的事情。"狐狸说，"它就是使某一天与其他日子不同，使某一时刻与其他时刻不同。"

我们在做常规德育活动的时候，由于"轻车熟路"，往往容易把仪式感丢到脑后。其实，越是平常的事情，越需要一定的仪式来让它变得更有吸引力、更有价值。因为，每一个美好的结尾，往往都源于一个美好的开始。你永远不要指望一个随随便便的开始，最终可以换回一个实实在在的成功。

果然，在整个实践活动过程中，我们学校的学生极为自律和自制，实践基地的领导和老师都给予了极高的评价。或许，这就是仪式的力量。

问题还是来了

任何一种方式，在学生身上产生的作用都会有一个时效性。仪式，也不例外。在开始的几天里，仪式所带来的激情与使命感足以让他们暂时忘记家及父母。可到了周四，个别的小女生开始想家、想父母，开始偷偷地抹泪。

这些孩子大都十三四岁，就年龄而言不算小了。但是，独生子女特有的恋家性，再加上他们都没有住过校，甚至都没有离开过家，让他们很难迅速适应一周的封闭式生活。想家的情绪开始迅速蔓延。

　　我该怎么办？或者说，我能做些什么？

　　整个综合实践活动过程中，除了要完成学校开设的各种课程，还要举办一个结业典礼，它应该算是一个不叫课程的课程。基地学校的领导说，举办结业典礼的主要目的，是想给学生提供一个才艺展示的机会，让学生在活动即将结束的时候，凑在一起简单地娱乐一下。其实，基地学校对这个典礼还是很重视的，不仅邀请了专业的主持人，还安排了两位音乐老师专门负责学生节目的串联和组合，再加上基地很显档次的会议礼堂、音响效果，最后呈现给师生的就是一台文娱晚会。

　　只不过，大多数学校的带队老师并不十分重视这个活动，一般都由学生自由报名，看看谁能唱啥歌，能表演个啥小品，然后把名单报给基地学校的负责教师就算完成了任务。所以，大多数时候，结业典礼的娱乐功能成了主流，不仅节目质量参差不齐，串联的手法也越来越简单。毕竟，对于基地学校的老师来说，这已经是一个常规性活动，短时间内组合几个小节目，还是比较轻松的事情。我觉得，这真是一种浪费，赤裸裸的浪费。

　　直觉告诉我，我应该做点什么，但是，我能做些什么呢？这个时候，几个关键的人物开始走进我的视野。

　　曹老师，我们学校最早的一位研究生学历的英语老师，年轻而又有责任心。当时，她的孩子才一岁多，正是需要母亲陪伴的时候。在选派带队教师的时候，我们也考虑过，确实不忍心让他们母子分开整整一周的时间。但是，级部里女老师少，而在外负责女生住宿管理的又必须是女老师。我们犹豫着征求她的意见，让我们佩服的是，她毫不含糊地一口答应下来。直到今天，每每听到学校领导抱怨安排老师参加一些外出活动有多么困难时，我都会想起曹老师的那种爽快。其实，我们看得出，曹老师比学生更想家，更想念只有一岁多的儿子。

　　丹妮，一个文文静静的小女孩，不大喜欢说话，大多数时候是一个人默默地发呆。即使与其他同学一起活动，她也是最沉默的那一个。一连几个下午，当其他人在操场上玩耍的时候，我都会看见她一个人对着夕阳发呆。我知道，她肯定是想家了，只是不愿意像其他孩子一样哭哭啼啼地闹个不停。我说过，她是个文静的孩子，文静的孩子即使表达想家的情绪，也总是那么含蓄。对着夕阳，那恰好就是家的方向呀！

思念，老师对孩子的思念，学生对父母的思念，我下意识地觉得，应该通过一个故事把这种思念完美地表达出来。只是，这个故事在哪里呢？

我抱着试试看的想法，拨通了丹妮妈妈的电话，想进一步了解丹妮更多的情况。电话接通的瞬间，当丹妮妈妈知道我是带队老师时，她急切地连问了好几句："孩子在那边怎么样了？会不会哭闹？吃住都习惯吗？"我告诉她一切都好，只是孩子可能想家了。她叹了口气说："唉！丹妮这孩子，啥都好，就是不爱说话。特别是最近，可能是青春期到了，更不愿意和我们家长交流了。说她几句，她还烦……"放下电话，丹妮妈妈的话语让我一再反思：八年级的孩子，正是叛逆得一塌糊涂的时候，就连丹妮这么懂事的孩子都拒绝和父母交流，更何况其他的孩子呢！

我想，这是亟待解决的一个问题。

一个故事即将开始

八年级，即初中二年级，著名的"初二现象"说的就是这一特殊成长时期。美国心理学家霍林沃斯认为，初中二年级的学生处在"心理性断乳期"，他们叛逆、盲目、易受外界影响、情绪容易激动、暴躁、成绩两极分化普遍、违纪违规频繁、存在心理障碍等，无论是在学校教育还是家庭教育中，初二阶段都是一个危险期，当然也不可避免地成为教育的关键期。

从实践方面来看，"难管"是所有教师对八年级学生的共有评价。八年级的学生在心理上对老师抱有天然的"敌意"，最明显的一个特征就是对抗和叛逆，不服从管理、挑战教师权威往往被学生认定为"英雄行为"。在这种情况下，老师往往不知道怎么去与学生沟通，始终觉得自己的教育付出只是一种毫无意义的"浪费"，容易走向无奈和怨愤。如此，交流的双向堵塞，导致师生之间无形中出现了一道道屏障，教师往往越看学生越"不顺眼"，学生则感觉教师无时无刻不在"找茬"。

好的关系就是好的教育。我觉得，破解"初二现象"的关键，就是营造一种好的关系。那么，这次短暂的分离，这份憋在心里的思念，这几天师生共同生活的经历，这段没有"教育"发生的时间，能不能成为一种教育资源呢？我想做一个尝试：在这次文娱晚会上，给教育找到一个故事。

利用午餐的时间，我把自己的想法讲给各位班主任，并嘱咐年级负责人宇腾开始搜集相关材料。下午的时候，宇腾神秘地让我看一个 QQ 空间，那是丹妮的 QQ 空间，写日志的却是丹妮的妈妈。

宝贝外出第一天

妈妈下班了，习惯地推开卧室的门，看不见宝贝你睡熟的憨态，我也没有了睡意。你们去实践基地参加实践活动，我们在家里练习适应你们不在家的时刻。你睡着了吗？还习惯吗？妈妈今天无数次地拿起手机，想给你发短信，但最后还是忍住了，一是不想让你违反纪律，二是你的手机上粘满彩钻，我找不到按键上的拼音，妈妈是不是很笨？我以为，24 小时后我才会想你，没想到在你下午放学的时间就开始想你了。

这是因你而写的日记，所以写在你的空间，回家后你再删除吧！你说，我们每天见面，用不着加为好友，可现在呢？宝贝，今天是离家的第一天，你们是不是兴奋得睡不着了？要是能把你们在那儿的情况录下来该多好啊！宝贝，我想你！宝贝，晚安！

宝贝外出第二天

今天，妈妈要上下午的班。你不在家，不用给你做午饭，妈妈突然觉得做啥事都没有意思。打开电脑给你挂上 QQ，点开音乐盒听着你喜欢的歌曲，妈妈的脑袋里一刻也没停止对你的想念。宝贝呀，你不能悄悄地给妈妈打个电话吗？妈妈好想你，想听听你的声音，想听你喊妈妈。

宝贝，妈妈下班了，却还不想睡觉。打开你的 QQ，搜遍你的好友空间，也没有发现任何人写你们那儿的生活状况。

…………

这是丹妮妈妈写在丹妮 QQ 空间里的文字，从丹妮外出第一天起，一直写到当天。

无疑，这为我们的故事撬开了一丝光亮。然后，我们一起为即将开始的故事做更多的准备。在梳理报上来的节目单时，我们发现曹老师和丹妮竟然都有节目。曹老师的节目是独唱《Proud Of You》，而丹妮参加的是一个学生小合唱。最终，我们以节目需要整合的名义，把这两个节目合二为一，建议她们师生一起合唱《Proud Of You》，并让她们抓住最后的时间进行磨合练习。

后来，宇腾说："我们得从曹老师那里再找点东西出来。"于是，他开始浏览曹老师的 QQ 空间，从中找到了很多小曹的宝贝儿子的照片，还有曹老师与儿子之间的生活细节。

于是，一个故事即将开始。

给爱一个故事

我们把这次结业典礼的主题定为"窗外的阳光"，意为在教室之外，仍有教育的阳光。

曹老师和丹妮的节目被安排在了晚会接近尾声的时候。当音乐响起，曹老师开始领唱《Proud Of You》。

Proud Of You

Love in your eyes

Sitting silent by my side

Going on holding hands

Walking through the nights

Hold me up hold me tight

Lift me up to touch the sky

Teaching me to love with heart

Helping me open my mind

I can fly...

当年，这首歌在学生中很流行，绝大多数学生都可以随着音乐哼上几句。当熟悉的旋律响起时，坐在下面的学生开始躁动不安，一边搞笑地胡唱，一边打打闹闹。很快，全场的学生开始安静下来，目不转睛地盯着舞台两侧的电子屏。

原来，在歌曲演唱的同时，宇腾他们通过电子屏播放节目的背景"微电影"：曹老师和儿子的合影照片；偷偷录制的生活场景，淘气又顽皮的欢乐，大人一样深沉的思考，自言自语地追问"妈妈你在哪儿"……小宝贝用最打动人的稚嫩表达着对妈妈的想念。伴随着打字机的噼啪声，屏幕上一个字一个字地"蹦出"了这样一段话：这是曹老师不到两岁的宝贝/他已经很长时间/没见到自己的妈妈了/因为他的妈妈/在这里陪伴着我们/他像你们一样/想他的妈妈……

　　文字结束，歌曲也恰好结束，舞台上的曹老师和合唱组的几个女生抱在一起轻轻啜泣。台下的学生也是泪眼婆娑，抹着眼泪和邻近的同学拥抱在一起。主持人恰到好处地停留了一段时间，让他们更好地在内心里体味思念。在请合唱组离开舞台时，主持人专门把丹妮留了下来，并对她进行了现场采访。

　　采访结束，主持人请丹妮和全体同学继续看"微电影"。这一次，电子屏上呈现的是丹妮的家，然后是丹妮妈妈写给丹妮的七篇日志，每一篇都用最有家庭味道的方式呈现出来。主持人问丹妮："想妈妈吗？"然后又转身问所有同学："你们想妈妈吗？""想！"学生们抑制不住内心的那种思念，把所有的力量都用在了这个"想"上。

　　"下面，让我们有请丹妮的妈妈！"伴随主持人的声音，丹妮的妈妈从后台慢慢走向了舞台中间。惊讶不已的丹妮愣了一会儿，接着跑过去扑到了妈妈的怀里。丹妮的妈妈接过话筒，用饱含母爱的声音说："孩子们，我代表所有的妈妈来看望你们了！"整个会场开始沸腾，"妈妈"成了唯一的声音。随后，丹妮的妈妈讲了很多，讲到了所有父母对儿女的爱，讲到了老师的付出，讲到了对孩子们的理解。

　　其实，语言是有灵性的，同样的话语在不同的环境里，在不同人的讲述里，会有着不一样的力量。丹妮妈妈那天的演讲，质朴而有温度，在那样的氛围中，在学生的心灵刚刚开始露出缝隙的那一刻，不失时机地植在了学生内心的最深处。

　　那一夜，全年级最顽皮的小齐哭得跟个泪人一样。他断断续续地告诉我，那是他第一次掉眼泪，爸爸妈妈打他时他不会哭，磕破了嘴唇碰断了腿也不会哭，只有这一次他哭了。他说，天天跟妈妈在一起，总觉得她很讨厌，对她的唠叨厌恶无比，也从来没有想念过妈妈，这次离开了一个星期，也没有想，还觉得过得挺痛快。他说自己都没想到，丹妮妈妈的一番话，居然让他开始想妈妈了。

实践活动结束，我回到家的当天晚上，小齐的妈妈给我打来了电话。电话接通，那边哭得稀里哗啦，我以为小齐又惹了什么祸，便开始劝导她不要着急，有什么事慢慢解决。她平静下来后，不好意思地说，自己不是因为小齐惹了什么祸才哭的，而是因为小齐的变化太大才哭的。她说，是结业典礼上的那个故事改变了自己的儿子，她一定要想办法拷贝一下那个晚上的录像。

六年时间过去了，还有不少学生在网上和我聊那个晚上。有的学生说，是那个晚上，让他第一次学会了站在老师的立场去衡量自己的表现，去感受老师的艰辛和不易；有的学生说，是那个晚上，让他第一次敢当面向爸爸妈妈表达自己的内心，敢响亮地告诉爸妈"我爱你们"；更多的学生说，他们上了那么多年学，一直留在心里的，就是那个夜晚，那个结业典礼，那个由曹老师、丹妮妈妈和丹妮演绎的故事。

我的故事型家长会

学期中段考试结束后的家长会的基本模式和套路大致都一样：公布中段考试的情况，总结半学期以来学生的表现，探讨学生的教育问题，解决家庭教育中的一些困惑。作为家长，重复参加几次这样的家长会后，往往会有倦怠感，家长会的质量也就变得越来越差。既然内容无法省略和改变，那就只能从"开会"的策略和技巧上着手了。比如，在家长会中融入故事的元素。

家长会前，用故事讲明道理

做班主任的都知道，每次开家长会，总会有部分家长不参加。在农村学校，这种现象尤为严重。而理由也往往简单得让人郁闷：我很忙呀，实在是抽不出身来！还有一种理由，家长们没说出来，是藏在心里的，那就是：开什么会，我们又不懂教育，教学不是老师的事吗？

家长会开始的时间马上就要到了，教室里还是空了足有三分之一的座位。很明显，又有一大批家长"太忙"了，没有时间来参加家长会。我清了清嗓子，想替他们做一个解释："各位家长朋友，很感谢你们在百忙之中来参加家长会。现在来看，有些家长可能太忙了，实在抽不出时间来参加，我们就不再等他们了，家长会马上开始……"

"忙什么忙呀！我来的时候遇见小涛的爸爸了，他正在路边玩麻将呢！他们就是不想来，也就是我们这些听话的人乖乖地来了……"小斌的爸爸半开玩笑地说。

"是呀！是呀！他们不是忙，就是不愿意来罢了！"

"其实我们也有事情要做呀！要是都像他们一样，咱这个家长会就不用开了！"

…………

听起来，他们是在声讨没有到会的家长，可实际上，他们的话中多多少少透着这样的潜台词：他们都不来，下次我们也不来了。是呀！如果这一次对不到会的视而不见，那么下一次可能会有更多家长不来。但是，当老师的，管理学生都已心有余而力不足，对不到会的家长又有什么办法呢？

灵机一动，我想起了奥巴马的家庭教育故事，便笑着对大家说："各位家长朋友静一静，他们不来，吃亏吃大了。知道吗？今天凡是来参加家长会的朋友，都是与美国总统奥巴马一个档次的大人物。"我故意停了停，偷偷观察他们的变化。果然，教室里迅速静了下来，所有人的眼睛都瞅着我，似乎在问："我们怎么就与奥巴马一个层次了呢？"

看到时机成熟，我讲起了奥巴马的故事。

奥巴马是一个很注重家庭教育的父亲。在第一次竞选总统期间，各种事务纷至沓来，他几乎每天都忙得焦头烂额。要知道，美国总统的选举期很长，长达二十一个月，但有一件事情是他坚持得最好的，也是他最引以为豪的。这件事情是什么呢？那就是——在长达二十一个月的时间里，他从没错过女儿们的家长会。也就是说，在奥巴马的世界里，竞选总统与参加家长会相比，参加家长会更重要。并且，奥巴马在担任总统期间，每天晚上都会和女儿们共进晚餐，并且耐心地回答她们的问题。

他有一句名言可以给我们以启示：我不可能做一辈子总统，却要做一辈子爸爸。

"你看，在座的每个人都很忙，但都选择来参加孩子的家长会。从这一点来说，你们都具备了奥巴马的水准，都是把家长当作事业来做的人。"当我把这段话当作故事的结束语说出来的时候，教室里响起了热烈的掌声。几个家长彼此笑着打闹："总算有机会和总统平起平坐了！"教室里的气氛一下子缓和下来。趁机，我请求到会的家长把这个故事讲给自己熟悉的，但是今天没有到会的家长。

他们竟然一致同意，热烈响应。后来，来参加家长会的家长越来越多，很多家长就是因为听了这个故事，才意识到了自己的问题，开始热衷于参加孩子的家长会。在那一届学生家长中，流传最广的一句话就是："我不可能做一辈子总统，却要做一辈子爸爸。"当然，"总统"两个字被换成了各种各样的职业。

作为班主任，往往会为家长不愿意参加家长会而懊恼不已。有的人会抱怨家长不配合班级工作，有的人会长篇大论地论述家长会的重要性，也有的人会对不来参加家长会的家长采取各种各样的"惩罚"措施。但是，上述哪一种选择，都不如讲一个故事的效果好。

就像一个家长说的，那个故事暖心，听起来舒服，让人在不知不觉中就懂得了很深刻的道理，远比任何说教与惩戒有用。

家长会开始，用故事铺垫情绪

家长会的第一个环节，是由我来总结过去半个学期的班级情况：一是对期中考试成绩进行分析，二是谈谈学生在校期间各方面的表现。

其实，这个环节很难把握。

如果空洞地泛泛而谈，家长就会弄不清楚自己孩子的学习情况及日常表现，就会感到家长会开得没有用，毕竟不少家长来参加家长会的主要目的就是看看孩子考得怎么样。从另一个方面来说，含糊其词地"装好人"，也是对学生的成长不负责任。要知道，让家长清晰地知道孩子在校期间的表现，然后采取一些积极的补救措施，也是家长会的一项重要任务。

如果详细地据实汇报，成绩不理想和表现差的学生的家长就会发现孩子的不少问题，转而迁怒于孩子。根据以往的经验，不少家长开完家长会后的第一件事就是找孩子"算账"，伴随而来的往往就是家庭暴力。"家长会和小三的性质一样，都是破坏家庭和谐的！"网上流传的这句话应该就是由此而来。

为了避免"破坏家庭和谐"，我让班里的小助手给每位家长发了一个信封，里面装着学生个人的期中考试成绩。不在家长会上公布学生成绩，让每个家长只知道自己孩子的成绩，在一定程度上让考得不理想的学生的家长减少了尴尬。但是，这并不意味着"破坏家庭和谐"的危险可以完全消除，那些只有个位数的成绩，无论如何也阻止不了家长的"雷霆震怒"。更何况，只要我分析班级成绩，家长们自然就可以估算出自己孩子的位次，起码会知道自己的孩子是属于"好学生"还是"坏学生"。

很明显，纯技术的手段已经无法破解"破坏家庭和谐"的危机。唯一可行的办法就是让家长从内心里接纳自己的孩子，学会用同理心来对待孩子出现的种种问题。于是，我和家长们分享了一个"二分之一的智慧"的故事。

雅纯在佛光丛林学院念书时，对训导老师非常不满，总是抗拒老师的要求与教育。

一日，院长星云法师把她找来，问道："听说你对训导老师不满，说说看，你对她有什么不满？"

雅纯抓住机会，开始数落老师的不是，一说就说了半个小时。法师并没有因为忙碌而打断她，反而不断要求雅纯再举几个例子来说，直到她想不起来还有什么例子可以举证老师的过错时，法师才说："你讲完了，现在可以换我讲了吗？"雅纯点点头。

法师说："你的个性是黑白分明、疾恶如仇的。"雅纯满意地点头说："师父，您说得真准，我正是这样的人呢！"

法师又说："你知道，这世界是一半一半的世界。天一半，地一半；男一半，女一半；善一半，恶一半；清净一半，浊秽一半。很可惜，你拥有的是不全的世界。"

雅纯听了之后，愣了半晌，问道："你为何说我拥有的是不全的世界？"

法师说："因为你要求完美，只能接受完美的一半，不能接受残缺的一半，所以你拥有的是不全的世界，毫无圆满可言。"

雅纯顿时像失去了重心，不知所措，问道："那我该怎么办才好呢？"

法师慈悲地说道："学习包容不完美的世界，你就会拥有一个完整的世界了。"

故事讲完，有的家长颔首思考，有的家长疑惑不解。我接着说："所谓成长，就是不断完善自己的不完美之处。孩子不完美是正常的，恰恰证明孩子正在成长。如果不能接纳孩子的缺点，你就无法帮助孩子成长。"我停了停，接着说，"下面，我谈到的孩子们的一些情况，可能会让你们喜笑颜开，也可能会让你们焦躁不安，甚至羞愧难当。但无论如何，请你试着去接纳孩子的缺点，帮助他分析问题出现的原因，一起找到解决问题的办法，好吗？"

家长们似乎理解了故事的玄妙之处，也理解了关于成长的深奥道理，一起鼓起掌来。然后，我又加了一句，"至少，不能出现'女子单打'，也不要出现'男子单打'，更不能出现'男女混合双打'，咱们一起来当好教练员!"家长们都会心地笑了，我也在轻松的氛围中对每一个学生进行了精准分析。

后来，班里的学生反馈说："第一次出现了和风细雨!"渐渐地，鼓励孩子的家长多了，和孩子一起分析问题的家长多了。我一直在想，这会不会和用故事做铺垫有关呢?

家长会进行中，用故事答疑解惑

在我分析完班级情况之后，家长会便进入了互动环节。

这个时候，我会准备一些问题与家长进行交流，家长也会提出一些困惑向我"发难"。我很喜欢这个环节，不仅因为它确实消除了家校间的一些误会，更重要的是我讲故事的能力在此有了充分的发挥空间。往往，当家长的一些问题不好直接回答时，我会灵机一动"搬"出一个故事来替我说话。

这个学期，我们班开展了读书活动，倡导学生大量阅读经典课外读物，并把每周四和周五的课外活动时间专门用于阅读。虽然我们在倡议书中已经列举了阅读的种种好处，也用很多名家的读书名言进行了宣传，但还是有部分家长担心读书活动会白白浪费时间。在互动环节，就有一个家长问："王老师，我们知道读书是好事，但是现在学生的学习时间这么紧张，咱们班的孩子多拿出两节课外活动时间去读书，是不是有点浪费呢?说句实话，读个一年两年的课外书，也见不到孩子有什么变化呀!"

听到这里，我笑着说："我正要讲这件事呢!这样吧，我先讲个故事咱们一起来听听。"

一位老人和他的孙子生活在一个山区庄园里。每天清晨，爷爷都坐在厨房的桌子旁读书。孙子受爷爷的影响，也尽最大的努力，读那些书。一天，孙子问："爷爷，我一直试图像您一样读这些好书，但我不能真正理解它们。花费这么多时间读这些书，有什么用呢？"爷爷平静地拿出一个用竹子编成的放过煤的竹篮，对孙子说："拿着这个竹篮，取一篮子水来。"孙子提着篮子去取水，可等他回到家时，竹篮里的水一滴不剩。爷爷笑着对孙子说："下一次打水的时候，你必须跑得更快点。"孙子再次去打水，这次他跑得比上次快了许多。但是，结果依然不变。孙子告诉爷爷："用竹篮打水是不可能完成任务的。"说着，孙子换了一个桶过来。爷爷说："我不需要一桶水，我要一篮子水。你能够做到，只是你尝试得还不够充分。"爷爷走出来，亲眼看孙子打水。

孙子清楚地知道，用竹篮把水打回家是根本不可能的，他想给爷爷演示一遍，让爷爷知道，即使他尽最大努力，篮子里的水也会漏光。孙子盛满水，飞快地向爷爷跑来，到达爷爷跟前时篮子中再次空空如也。孙子气喘吁吁地对爷爷说："爷爷，你看，根本没有一点用。""你真的认为这样做没有一点用吗？"爷爷说，"好好看看这篮子。"孙子仔细看了一下竹篮，发现竹篮确实和以前不同了，那个脏兮兮、黑乎乎的篮子不见了，取而代之的是一个洁净如新的竹篮。

"孩子，看到发生的事情了吧！阅读好书也是如此，你可能无法完全理解，也记不住多少内容，但只要你用心阅读，它就会在不知不觉间净化你的心灵。"

故事讲完了，那位家长不好意思地说："王老师，是我太急功近利，眼光太短了，谢谢您！我一定支持孩子多读课外书。"你看，我一句大道理都没有讲，家长的工作就做通了。不得不说，故事的魅力真的不小。

另一个家长说："王老师，我家孩子回到家就玩手机，怎么说他都不听，还犟嘴。你说，该怎么办呢？"其实，这位家长在家长会进行时一直在玩手机，只有刚刚提问的工夫才把手机放进包里。我似乎知道了问题的症结所在，便讲了一个故事给大家听。

在美国的加利福尼亚，有一位女士养了一只珍贵的鹦鹉。这只鹦鹉非常美丽，可它却有一个坏毛病：经常咳嗽且声音沙哑难听，好像喉咙里塞满了令人作呕的痰。女主人十分焦虑，急忙带它去看兽医，生怕它患上了什么呼吸系统方面的怪病。

检查结果显示，鹦鹉非常健康，根本没有任何毛病。女主人急忙问，为什么鹦鹉会发出那么难听的咳嗽声，医生回答说："鹦鹉学舌，它之所以发出咳嗽声，一定是因为它经常听到这样的声音。你们家有人经常咳嗽，是吗？"

这时，女主人有些不好意思了。原来，她有抽烟的习惯，所以经常咳嗽，鹦鹉只不过是惟妙惟肖地把女主人的咳嗽声模仿出来了而已。

听到这里，那位家长已经不好意思地低下了头。不过，我还是追问了一句："您刚才说孩子'犟嘴'，他是不是反击说您也玩手机呢？"家长的脸开始发红，忙不迭地回答说："是的，是的！我已经知道原因了，也知道应该怎么做了，谢谢您的故事！"

你看，他们谢的不是我，而是故事。

家长会结束前，用故事引发思考

家长会的最后一个环节，一般是由我给家长们提一些教育建议，主要涉及一些需要家长协助解决的问题。在家长会接近尾声时，我先对家长们表达了感谢，然后说："这几次家长会，都给你们布置了任务，在你们的帮助下那些问题都有了圆满的结果，在此感谢大家一直以来的帮助。今天，我想再请大家帮一个忙，不过不是由我直接告诉大家任务的内容，而是让故事来传达。"

于是，我利用班级的多媒体播放了一段录音，内容是一段故事，名字叫《一位母亲与家长会》。

第一次参加家长会，幼儿园的老师说："你的儿子有多动症。在板凳上连三分钟都坐不了，你最好带他去医院看一看。"回家的路上，儿子问母亲：老师都说了些什么？母亲鼻子一酸，差点流下泪来。因为全班 30 位小朋友，唯有他表现最差，唯有对他，老师表现出不屑。然而，她还是告诉儿子："老师表扬你了，说宝宝原来在板凳上坐不了一分钟，现在能坐三分钟了，其他的妈妈都非常羡慕妈妈，因为全班只有宝宝进步了。"

那天晚上，她儿子破天荒地吃了两碗米饭，并且没让她喂。

儿子上小学了。家长会上，老师说："全班 50 名同学，这次数学考试，你儿子排第 49 名，我们怀疑他智力上有些障碍，您最好带他去医院查一查。"

回家的路上，母亲流了泪。然而，当她回到家里，却对坐在桌前的儿子说："老师对你充满信心。他说了，你并不是个笨孩子，只要细心，会超过你的同桌，这次你的同桌排在第 21 名。"

说这话时，她发现，儿子暗淡的眼神一下子亮了起来，沮丧的脸也一下子舒展开来，她甚至发现，儿子温顺得让她吃惊，好像长大了许多。第二天上学时，他去得比平时都要早。

孩子上了初中，母亲又一次参加儿子的家长会。母亲坐在儿子的座位上，等着老师点她儿子的名字，因为每次家长会，她儿子的名字总是出现在差生的行列中。然而，这次却出乎她的预料，直到结束，她都没听到。她有些不习惯。临别时，她去问老师，老师告诉她："按你儿子现在的成绩，考重点高中有点危险。"

母亲怀着惊喜的心情走出校门，她发现儿子在等她，路上她扶着儿子的肩膀，心里有一种说不出的甜蜜。她告诉儿子："班主任对你非常满意，他说了，只要你努力，很有希望考上重点高中。"

高中毕业了。第一批大学录取通知书下达的时候，学校打电话让她儿子到学校去一趟。她有一种预感，她儿子被清华大学录取了，因为儿子报考时，她跟儿子说过，她相信他能考上这所学校。

儿子从学校回来，把一封印有清华大学招生办公室的特快专递交到她的手里，突然转身跑回自己的房间大哭起来，边哭边说："妈妈，我一直都知道我不是个聪明的孩子，是您……"

这时，她悲喜交加，再也按捺不住十几年来凝聚在心中的泪水，任它们打在手中的信封上。

伴随着优美的背景音乐，我动情地说："我希望，在座的每一位，都能像故事里的妈妈一样，在孩子最困难的时候，给予他们足够的支持和爱。这是所有父母的本性，也是为人父母的责任。因为，如果没有父母最无私的帮助，孩子的心灵便是一片沙漠。"

那次家长会结束后，很多父母是啜泣着离开教室的。后来，很多家长给我发来短信，虽然字数不一，但内容大致相同，就像小颜的爸爸说的，这些故事教会了他们怎样为人父母。

人天然地亲近故事，无论孩童还是成人，都愿意在故事里寻找自己需要的情感和印记。所以，讲故事是一个普适的沟通模式，而在家校沟通中，故事更具有其他形式无法比拟的优越性。

　　家校沟通不像学校教育，两个成年群体之间的沟通无法通过简单的规范、约束和管制来完成，更不可能有谁教育谁的位置划分。身份的对等，认知的各具特色，导致两个群体间的沟通只能用双方可以接受的方式来实现。而讲故事，无疑是最恰当的一种。

在国旗下讲故事

　　传统的国旗下讲话偏重理性的训导或灌输，往往存在着三个方面的问题：一是讲话者习惯于照本宣科，没有情感投入；二是讲话内容大多脱离实际，没有针对性；三是讲话形式单一，没有吸引力。这就导致国旗下讲话效果不佳，教育性大打折扣。为此，我们有必要对国旗下讲话进行故事化改造。下面，我以"做最好的自己"这一教育主题为例，简单说明如何通过序列化的主题叙事活动，实现国旗下讲话的最优实践。

第一个主题，认识你自己

　　人的成长不是一蹴而就的，思想的产生更不会在简单的灌输中完成。所以，每一个教育主题的实现都应该有一个循序渐进的过程。通过序列化的教育活动、递进式的主题推进，"稳扎稳打"地开展教育实践，是"做最好的自己"这一教育案例能够呈现给我们的基本理念。

　　我们都知道，"做最好的自己"的前提是知道自己是谁，知道自己的长处和不足，能够正确认识和评价自己。一个人只有真正接纳了自己，才有可能获得成长的动机和激情。换句话说，"认识自己"是"做最好的自己"的第一步。为帮助学生意识到"认识自己"的重要性，我们可以在当月第一周的国旗下讲话中给学生讲《你很特别》的故事。

《你很特别》是一个绘本故事，讲的是微美克人"胖哥"的心理成长历程。故事可以分为两部分进行讲述，第一部分的主要内容为——

> 微美克人是一群小木头人，他们整天只做一件事：互相贴贴纸，给他们认为好的木头人贴上星星，给他们认为不好的木头人贴上灰点。那些有才能的微美克人全身都被贴满了星星，那些什么也不会的人就被贴满了灰点，胖哥就是一个满身都是灰点的木头人。他想要跟别人一样跳得高，却总是摔得四脚朝天。一旦他摔下来，其他人就会围过来，给他贴上灰点。有时候，他摔下来时刮伤了身体，别人又会给他贴上灰点。当他为解释自己为什么会摔倒而讲了一些可笑的理由时，别人又会给他贴一些灰点。他做出一些傻事，像是忘了带走帽子或者踩进水里时，别人又再给他一些灰点。其实，有些人只是因为看到他身上有很多灰点，就跑过来再多给他加一个，根本没有其他理由。"他本来就该被贴上很多灰点的。"大家都这么说，"因为他不是个好木头人。"听了这样的话，胖哥也这么认为了，他会说："是啊，我不是个好微美克人。"

故事讲到这里，演讲者可以停下来和同学们做一个互动。对，就是互动，这是对传统的国旗下讲话单向灌输的一种改变。演讲者可以问学生一些问题，比如：胖哥为什么认为自己不是个好微美克人呢？假如你是一个微美克人，也会给胖哥贴灰点吗？你们有没有类似的遭遇呢？这些互动问题，不仅可以帮助学生理解故事，还可以把故事与现实进行有效链接，让学生学会从故事中找到现实生活的影子。更重要的是，互动让国旗下讲话不再是单向的灌输而是双向的交流，从而改变了"一言堂"带来的生硬与尴尬。接下来，演讲者继续讲述故事。

这个故事很长，我只介绍故事梗概——

胖哥遇到了一个叫露西亚的微美克人，她的身上没有任何灰点，因为她的身上贴不住灰点，胖哥很想知道怎样才能让别人贴不上灰点，便在露西亚的引荐下拜见了创造他们的木匠伊莱。听过木匠的话后，胖哥终于明白了露西亚身上贴不住灰点的原因，原来她相信自己是特别的，从不在意别人的想法。

故事讲完后，演讲者可以根据故事提问：为什么从木匠那里出来后，胖哥身上的灰点开始一个个掉落呢？你的身上有什么优点呢？你是不是独一无二的呢？你的同学又有什么优点呢？从胖哥身上，你有什么收获呢？

故事只是思考的一个载体，是思考发生的诱因，故事讲完后，组织学生进行反思，让故事的精神和主旨一步步渗透到精神里，才是"讲话"最重要的价值。以《你很特别》的讲述为例，深入思考过的学生，都可以发现这个故事所蕴含的一个基本道理：每一个人都是独立的存在，都有优点和缺点，只要我们愿意改变，并付诸行动，人生就会朝着好的方向发展。

第二个主题，相信你自己

在上周的升旗仪式上，学校发出一封倡议书，鼓励同学们参加一个级别较高的征文活动。后来，学校统计参加征文活动的同学名单，发现竟无一人参加。最初，学校领导认为是学生们贪玩，不愿意参加活动，便让班主任在班里进行动员。结果发现，其实绝大多数学生都已经按照要求写了文章，只是没有通过邮箱发送到组委会。老师们询问原因，学生们的回答令老师们诧异:"我们写得不好,不敢投稿呀!""就我们这水平,参加了也获不了奖。""全国有那么多大城市的学校,咱们行吗?"原来,他们不是懒,是缺乏去尝试的信心。信心缺失,应该是一种比懒惰更为严重的成长障碍。

自知是一个人选择成功方式和成功时机的心理基础,自信是一个人走向成功的最基本要素。学生在有了一定的自我认知以后,要做的就是树立起必要的自信。从这个事件可以看出,学生不自信的原因主要有两个:一是喜欢与别人对比,不自觉地矮化了自己;二是不能坚持自己,轻易地进行自我否定。鉴于此,我们可在当周的国旗下讲话中使用两个小故事来鼓励学生树立自信心。

第一个故事是《第三只小板凳》,故事梗概如下——

在一次小学劳作课上,同学们都交上了自己的作品——泥鸭、布娃娃等,唯独爱因斯坦没有交,直到第二天,他才送去一只做得很粗糙的小板凳。老师看后很不满意,说:"我想,世上不会有比这更坏的小板凳了……"爱因斯坦回答说:"有的。"他不慌不忙地从课桌下面拿出两只小板凳,举起左手说:"这是我第一次做的。"又举起右手说:"这是我第二次做的……刚才交的,是我第三次做的。虽然它还不能使人满意,但总比这两只强一些。"充满自信是爱因斯坦以后成为伟大科学家的原因之一。

故事讲到这里,我们可进行以下总结:同学们,在我们成长的道路上,总会遇到一些需要展示自己的时候,此时,我们是自我封闭、举步不前,还是勇敢地展示自我,争取成长的机会,爱因斯坦的故事给了我们极好的启示——在任何时候,我们都要学会与自己比,要学会用昨天的成长来验证今天的成长。只有你先相信自己,别人才有可能相信你。

第二个故事是《小泽征尔的坚持》，故事梗概如下——

小泽征尔是世界著名的交响乐指挥家，在一次世界优秀指挥家大赛的决赛中，他按照评委会给的乐谱指挥演奏，敏锐地发现了不和谐的声音。起初，他以为是乐队演奏出了错误，就停下来重新演奏，但还是不对。他觉得乐谱有问题。但当时在场的作曲家和评委会的权威人士坚持说乐谱绝对没有问题，认定是他错了。面对一大批音乐大师和权威人士，他思考再三，最后斩钉截铁地大声说："不！一定是乐谱错了！"话音刚落，评委席上的评委们立即站起来，报以热烈的掌声，祝贺他大赛夺魁。原来，这是评委们精心设计的"圈套"，以此来检验指挥家在发现乐谱错误并遭到权威人士"否定"的情况下，能否坚持自己的正确主张。前两位参加决赛的指挥家虽然也发现了错误，但终因附和权威们的意见而被淘汰。

自信是成功的第一秘诀，是成就人生奇迹的首要因素。在人生的关键时刻，能够咬紧牙关坚持自己的意见是一件很困难的事情，需要极大的勇气和自信。小泽征尔的坚持让自己获得了成功，同时也给了我们很多启示，需要我们用心去感悟。所以故事讲完后，要请同学们思考这样一个问题：这两个故事带给了你什么样的启示？在以后的学习生活中，你将怎样做？

第三个主题，成长你自己

一个对自己有着明确认知和充分自信的人，在成长的道路上已经比他人多了许多可能性。接下来，就是如何获得成长动力的问题。在这一点上，至少有两点需要关注：一是必须让学生明确自己的职责，形成为使命而努力的意识；二是必须让学生保持昂扬的状态，追求高质量的生命品质。

我们先来看"使命"问题。更多的时候，学生之所以没有学习的动力，没有成长的愿望，就是因为不知道自己应该做什么，更不知道人生的意义和价值在哪里。由此，让学生明白自己的职责与使命，是帮助学生成长、成功的重要一步。当然，如何让学生明确自己的职责，并做到始终坚持自己的使命，这是一个很有挑战性的教育问题。在中小学生中有一个现象不容忽视，那就是学生喜欢为自己的错误寻找借口。比如，没有完成作业时，他们往往会找"家里停电了"等各种借口推卸责任；迟到时，也会把原因归结在"父母忘了叫醒自己"之类的原因上。如果让找借口成为规避责任的一种习惯，那么，学生的责任意识就会不断被侵蚀。我们要做的就是让学生"不为自己找借口"。

为此，在第三周的国旗下讲话中，我们可以讲这样一个故事（有条件的学校也可以通过室外大屏幕播放视频）——

在一个漆黑、凉爽的夜晚，一位坦桑尼亚的马拉松选手艾克瓦里吃力地跑进了墨西哥奥运体育场，他是最后一名抵达终点的选手。这场比赛的优胜者早就领了奖杯，庆祝胜利的典礼也早已结束，因此当艾克瓦里一个人孤零零地抵达体育场时，整个体育场几乎空无一人。艾克瓦里的双腿沾满血污，绑着绷带，他努力地绕完体育场一圈，跑到了终点。在体育场的一个角落里，享誉国际的纪录片制作人格林斯潘远远地看着这一切。接着，在好奇心的驱使下，格林斯潘走了过去，问艾克瓦里为什么要这么吃力地跑到终点。这位来自坦桑尼亚的年轻人轻声地回答说："我的国家把我从两万多公里之外送来这里，不是叫我在这场比赛中起跑的，而是派我来完成这场比赛的。"

　　听完艾克瓦里的话，我想大家都会被他深深地感动。艾克瓦里完全可以找个借口退出比赛，相信大家都不会责备他。但他没有这么做，这是为什么呢？因为他深知自己在这场比赛中的责任和担当。其实，每个人在某个角色上都有自己特殊的使命。作为一名学生，你在求学期间的使命是什么呢？面对使命，你又该怎么去做呢？

　　大多数的学生做事往往浅尝辄止，喜欢带着"差不多就行"的心态去应对学习生活，缺少对更高人生境界的主动追求。所以，我们有必要引入故事《永远的坐票》，以帮助他们获得一种崭新的生命姿态。故事梗概如下——

　　有个人经常出差，时常买不到坐票，可他总能找到座位。他的办法其实很简单，就是一节节车厢地耐心找。每次，他都做好了从第一节车厢走到最后一节车厢的准备，可是每次他都用不着走到最后一节车厢就会发现空位。他说，这是因为像他这样锲而不舍找座位的乘客实在不多。经常是在他落座的车厢里尚余若干空位，而在其他车厢的过道和车厢接头处人满为患。他说，大多数乘客轻易地被一两节车厢拥挤的表面现象迷惑了，不大细想在数十次停靠之下，从火车十几个车门上上下下的流动中蕴藏着不少提供座位的机遇；即使想到了，他们也没有那份寻找的耐心。眼前这方小小的立足之地很容易让大多数人满足，为了一两个座位背负着行囊挤来挤去有些人也觉得不值。他们还担心万一找不到座位，回头连个好好站着的地方也没有了。这些不愿主动找座位的乘客，大多就会在上车后最初的落脚地一直站到下车。

　　你看，生活真是有趣：如果你只接受最好的，就会经常得到最好的。

我们应该像这个人一样，敢于舍弃当下的舒服和满足，不依不饶地去寻找更好的人生风景，去追求更高的生活质量。唯有此，我们才不至于永远滞留在成功的入口处。讲完这个故事，我们要抛出这样几个问题：在失败面前，你有没有一遍遍地寻找成功的可能？在成功面前，你有没有想过去追寻更加美好的成功？

第四个主题，超越你自己

只有不断超越自我的人，才是一个真正成功的人。在犹太人看来，人的生命由两部分组成，即父母给予的和自己赋予的，其实也就是先天和后天。先天只是出身，后天才是生命的实质，而生命的实质必然要由超越来维持和升华——超越自我，超越出身，超越局限。

其实，做最好的自己，最终就是要超越自己。所以，在这个主题序列的最后环节，不妨给学生讲这样一个故事——

保罗·纽曼是出生在美国的犹太人，他的父亲是一位小商人，母亲喜欢音乐、绘画。纽曼大学毕业后，留在父亲的杂货店工作。本来做一个老板，做一个犹太商人，他完全可以成功，可他不满足于日复一日地做平淡的生意。于是，在不解和怀疑中，他毅然卖掉了杂货店，全身心地投入到演艺界。他参演了许多影片，如1956年的《上帝喜欢我》、1958年的《漫长的夏日》、1960年的《在阳台上》、1961年的《骗》等，均获得了观众的好评。他曾五次被提名为奥斯卡最佳男主角，在第六次时，荣膺奥斯卡最佳男主角。从商人到艺人，保罗·纽曼成功地完成了跨越。但是，保罗·纽曼的超越永远没有完结。1982年，一个偶然的机会让他接触到了一种新的食品。这种新玩意儿是拌面条用的酱汁，味道非常好。纽曼敏锐的商业嗅觉让其看到了其中蕴藏的商机。于是他与朋友合作，投资数十万美元开发这种食品，并成立了"保罗—纽曼食品公司"，就这样，他又开始了从艺人到企业家的跨越。最后，他被誉为美国的"食品大王"。

保罗·纽曼从商人到演员直到奥斯卡最佳男主角，再到企业家直到"食品大王"，他的人生之路告诉人们，只有不断超越自我，不断迎接新的生活和环境中的挑战，才能保持住生命不灭的创造力，才能最大限度地发掘自己的潜力，成为最好的自己。

那么，新的问题是：怎样才能超越自己？下面的这个故事或许可以给学生们一点启示。

　　布勃卡是举世闻名的奥运会撑竿跳冠军，享有"撑竿跳沙皇"的美誉。他曾三十五次创造撑竿跳领域的世界纪录，并且他所保持的两项世界纪录迄今无人能够打破。在他被总统亲自授予国家勋章后，记者们纷纷向他提问："你成功的秘诀是什么？"布勃卡微笑着回答："很简单，就是在每一次起跳前，将自己的心'摔'过去。"原来，作为一名撑竿跳选手，他也曾有过不断尝试冲击新的高度，但都失败而返的日子。他苦恼、沮丧过，甚至怀疑过自己的潜力。他对教练说："我实在跳不过去！"教练平静地问："你心里是怎么想的？"布勃卡如实回答："我只要一踏上起跳线，看到那根高悬的标杆，心里就害怕。"突然，教练一声断喝："布勃卡！你现在要做的就是闭上眼睛，先把自己的心'摔'过标杆去！"教练的厉声训斥，让布勃卡如梦初醒。他遵从教练的吩咐，重新撑竿又跳了一次。这一次，他果然顺利地跃身而过。于是，一项新的世界纪录又诞生了，他再一次超越了自我。教练欣慰地笑了，语重心长地对布勃卡说：

"记住，先将你的心'摔'过去，你的身体就一定会跟着一跃而过。"

著名的心理学大师卡耐基经常用来提醒自己的一句箴言就是："我想赢，我一定能赢，结果我又赢了。"在困难和挑战面前超越自我、赢得成功的最好办法，就是让自己的心先过去。所以，只要我们一直想着"做最好的自己"，就一定可以成为最好的自己。

如此，通过四个主题的逐层递进，"做最好的自己"主题教育活动以序列的形式高质量地结束。这种序列化的尝试，改变了常规教育"蜻蜓点水"式的一掠而过，赋予了教育更加丰富的可能，是一种比较有益的创新尝试，也是对常规的一种超越。

学会用故事丰盈课堂

赫尔巴特认为，教学的最高目的、最后目的，就是要在教学中进行思想品德教育。所以，课堂不只是学习文化知识的地方，也应该是开展道德教育的主要阵地。最近几年，在学科课堂上进行"德育渗透"成为素质教育的要求，也是各级教育行政、研究部门在全力推进的一项工作。借用故事开展德育，已经成为一种有效的教学策略，并逐渐成为共识。

课前三分钟的故事演讲

"课前三分钟演讲"最初出现在语文课堂教学中，其主要目的是锻炼学生的口语表达能力，提升学生的"听、说、读、写"综合素养，在很长一段时间内属于语文教师的专利。其实，"课前三分钟演讲"的内容可以以故事为主，演讲的目的可以兼顾口语表达训练和道德教育，实施演讲的科目也可以从语文学科拓展到各个学科。在实践"学科德育渗透"的过程中，我们慢慢摸索出了"课前三分钟故事演讲"的实施策略，把故事引入了"课前三分钟"之中。

"课前三分钟故事演讲"的内容以故事为主，在故事的类型上可分为三大类：一是通识故事，就是具有普遍道德教育意义的传统故事或现代故事，主要是为了营造良好的德育环境，以启迪学生的道德认知；二是学科故事，就是具有一定学科渊源的经典故事，主要是在实施道德教育的同时，有效补充、拓展学科教学的效度和宽度；三是班级故事，就是由学生自己挖掘组织的真实故事，实现以"身边事"激励（教育）"身边人"的教育目的。

在具体实施上，可分为以下三个阶段——

一是自由演讲阶段。当进入新组建班级时，学生彼此之间不熟悉，大部分学生往往"羞于启齿"，害怕说错话或表达失误。这个时候适合进行自由演讲，以消除学生的心理障碍，激发他们勇于表达的自信心，让学生在小小的成就中感受喜悦，增进与同学间的情感交流。这个阶段的演讲，可以按照学生的座位顺序依次进行，演讲内容由学生自行确定。学生可以根据自己的兴趣和特长，选择最适合自己的故事进行演讲。所以，这一阶段的演讲内容往往多种多样，可以是寓言故事、经典传说，也可以是《读者》等刊物上的励志故事，甚至可以是从爸爸妈妈那里听来的家教故事。演讲的时候，学生可以脱稿，也可以不脱稿，重点是让学生敢于开口表达。如此坚持一段时间，当每个学生的演讲次数达到四五次以后，他们就基本具备了一定的"胆识"，积累了一些演讲技巧，为下一阶段的演讲奠定了基础。

二是主题演讲阶段。自由演讲给了学生足够的自信心，但在推行道德教育方面所发挥的作用不够完整。所以在第二阶段，要对学生提出更高的要求，对学生的演讲进行主题式规划。一般来说，任课教师可以根据教学内容和德育需要，以周为单位设计演讲主题，形成月度演讲计划，提前在班内进行公示。在演讲内容上，要求学生围绕主题独立准备演讲稿，提倡学生自己撰写班级故事，如果使用经典故事则需要加上自己的感悟和思考，把故事包含的教育意义表达出来。在演讲形式上，要求学生脱稿演讲，并适当添加一些演讲技巧，尽可能让演讲具有吸引力。

三是即时演讲阶段。在学生具备了一定的演讲能力和故事组织能力以后，为进一步提高学生的演讲水平，教师可以尝试组织即时演讲。所谓即时演讲，就是教师不提前公布演讲主题，而是在确定演讲者之后，由教师当场命题，演讲者即兴演讲。在这一阶段，老师可以提前预设演讲主题，但学生的演讲完全是现场发挥，这对学生的演讲水平是一个巨大的考验。

其实，演讲就是讲一个好的故事。一个好的故事，不仅可以让学生迅速进入"课堂模式"，还可以让其在故事中找到自己需要的精神力量，为一节课准备一个好的开始。这也许就是课前演讲的真正价值。

教学过程中的故事嵌入

课前演讲中，教师只是一个组织者，故事的持有者是学生。而事实上，在学科德育的实施方面，真正的故事开发者应该是教师。教师可以适时让故事介入课堂教学的某个环节，实现道德教育的顺利开展。

新课引入环节。在引入环节，使用学生喜欢的故事创设问题情境，既可以激发学生的学习兴趣，也可以实现"润物细无声"的德育境界。比如，在数学课上教学"认识钟表"时，教师就可以用"计时工具成长记"来引入，借助讲故事的形式把计时工具的发展历程呈现出来：远古时代，原始人白天出去打猎，晚上回山洞休息，只知道"日"和"夜"；后来，我们的祖先发明了一种利用日影测得时刻的计时仪器，其原理就是利用太阳投射的影子来测定并划分时刻，这种由铜制的指针和石制的圆盘组成的仪器叫作日晷，它是人类在天文计时领域的一项重大发明；后来，人们又学会了利用滴水或漏沙的方法来计算时间；再后来，人们发明了钟表，对时间的计算越来越准确。这样一个"科普故事"，不仅可以让学生获得对钟表发展的完整认识，也可以让学生感受到我们的祖先为人类进步做出的贡献，增强学生的民族自信心和自豪感。

课堂教学环节。在课堂教学过程中利用故事渗透德育是学科德育实施的主阵地，可以采用以下几种方法：一是转化产生故事。数学中的一些概念和法则往往比较抽象，学生理解起来比较困难，很容易造成学习过程枯燥无味。这个时候，如果教师可以把抽象的概念改编成故事，把难以理解的"法理"变成生动有趣的情节，就能让学生在愉快地接受知识的同时，于不知不觉中受到故事的道德熏陶。二是生活化产生故事。数学教材中的应用题往往运用比较理性的文字概述题意，学生在阅读时会因感觉生硬而失去兴趣。这个时候，教师可以把应用题改成生活化的小故事，以增加练习题的人文性和教育性。三是充分挖掘数学史实故事。数学史都是以故事的形式呈现的，教师在备课的时候可以多方搜集与本节课教学有关的数学史，利用数学史对学生进行爱国主义教育。

比如，在教学"勾股定理"时，教师可以讲述这样一个故事：中国最早的一部数学著作《周髀算经》的开头，记载着一段周公向商高请教数学知识的对话——

周公问："我听说您对数学非常精通，我想请教一下：没有梯子可以通上天，地也没法用尺子去一段一段丈量，那么怎样才能得到关于天地的数据呢？"商高回答说："数的产生来源于对方和圆这些形体的认识。其中有一条原理是：当直角三角形'矩'的一条直角边'勾'等于3，另一条直角边'股'等于4的时候，它的斜边'弦'就必定是5。这个原理在大禹治水的时候就总结出来了呀！"

这个故事，可以让学生感受到古人的智慧，从而产生为民族荣誉而努力学习的信心和勇气。

课外作业环节。除了课堂上要寓德育于全过程外，在课堂教学结束后的课外作业环节，教师也要尝试开展德育渗透活动，积极鼓励和指导学生通过课外阅读、社会调查等途径搜集、占有资料，进一步巩固课堂学习效果。比如在学习了"比和比例"后，可以让学生课下测量学校旗杆的高度，并把测量的方法写成故事讲给同学听。

这种以讲故事为主要呈现形式的实践作业，不仅能让学生的智力得到发展，还能让学生在人际交往、思维方式、行为规范等方面得到锻炼，思想品德方面获得教育，真正实现了寓教于学习之中，寓学习于故事之中。

故事艺术的有效运用

从各级教育研究部门举行的"学科德育"专项课赛中可以看出，在学科教学中开展道德教育存在"为德育而德育"的现象，渗透方式牵强而生硬，渗透内容往往是已概括的真理，属于典型的道德知识，大都与学生自身的经验相去甚远。这是德育效果不佳的一个主要原因。而以故事的方式展开德育渗透，为学科教学中的德育实施打开了一扇窗，让学生在故事中收获了心灵的成长。当然，如何在课堂教学中嵌入故事，是一个值得研究的问题。

使用故事的隐喻艺术。在讲"比例"时，可以专门设计这样一道"故事题"——

从前有一户人家的菜园里摆着一块大石头，长约五十厘米，宽约三十厘米，高约十厘米。到菜园的人，一不小心就会踢到那块大石头，不是跌倒就是擦伤。儿子问："爸爸，为什么不把那块讨厌的石头挖走呢？"爸爸说："儿子，那块石头从你爷爷那辈就在那儿了，谁知道它下面埋着的部分有多大呢？肯定是搬不动的呀！"请问：如果这块石头的地上部分与地下部分的体积比是1：20，那么这块石头有多大呢？

根据课上学习的知识，学生很快便能计算出结果，进而感叹石头确实很大。教师便继续往下讲——

后来，儿子娶了媳妇，当了爸爸。有一天媳妇气愤地说："爸爸，菜园那块大石头，我越看越不顺眼，改天请人搬走好了。"爸爸回答说："算了吧！那块大石头很重的，可以搬走的话在我小时候就搬走了，哪会让它留到现在啊？"媳妇很生气，那颗大石头不知道让她跌倒多少次了。有一天早上，媳妇带着镘头和一桶水来到菜园，将整桶水倒在大石头的四周。十几分钟以后，媳妇用镘头把大石头四周的泥土搅松。没想到，几分钟的工夫就把石头挖了出来，看那大小，根本没有想象中那么大，露在上面与埋在下面的比例大概是1∶15。

这时，可请同学们再次计算这块石头的真正大小，通过计算，学生验证了判断，也领会了不畏困难的精神。

故事具有隐喻功能，恰当的隐喻信息能触动、激发学生的自我认知，让学生不自觉地从故事的"隐喻"和"情节"中接受一种应对问题的积极方案。这样一来，故事的隐喻功能就会自行发挥作用，正如作家本·奥克瑞建议的那样——"要无声地，无形地"。

使用故事的外衣艺术。古时候，犹太人流传着这样一则故事——

真理一丝不挂，饥寒交迫，村里没人肯收留她，她的赤裸让人们不寒而栗，不敢直视。寓言发现了真理，见她蜷缩在一个角落里，战栗着，饥肠辘辘，便心生怜悯，扶起她，将她带至家中。寓言用故事这件外衣，把真理严严实实地装扮起来，待她暖和过来，将她送出门外。身披故事的真理，再次叩响了村民的大门。人们见她不再赤裸，马上将她热情地迎进门，并且丰盛招待。后来，家家户户纷纷邀请真理到家中喝茶做客，把屋里的炉火烧得旺旺的，把可口的美味捧出来，他们以能够邀请到真理为荣！

是的，真理，有了故事这件外衣才有力量！在你想说服别人的时候，没有比讲故事更有效的方法了，因为真话有时候会刺痛别人，你的意愿需要用故事来委婉地表达。

当老师的就应该学会将故事作为外衣来包裹一些道德要求，让故事的力量不自觉地走进学生的心里，这样不仅可以给乏味的课堂增添一些乐趣，改善课堂氛围，还能让学生在故事的"教育"下自觉回到学习状态中来。但是故事的加入不能乱，也不能滥，要有章法可循：一是在课堂引入阶段加入故事，激发学生的学习兴趣和愿望；二是在讲授教学难点的时候加入故事，通过一些小故事来阐释深奥的数学原理；三是在课堂总结阶段加入故事，让学生在最"疲倦"的时候因为"焕然一新"而"豁然开朗"；四是在课堂秩序出现问题的时候加入故事，及时阻止个别"破坏分子"的"小动作"，利用故事的力量维护课堂的正常秩序。

事实上，人们都不愿意接受现成的"答案"，而是更喜欢自己通过某种途径去思考，然后悟出答案。所以，作为教师，你要学会借助故事让学生去思考。

因为，故事的力量是巨大的。

班里的"故事银行"

用故事来经营班级，其中最重要的环节就是寻找足够好的故事。这些故事，可以是传统的经典故事，可以是广为流传的优秀故事，也可以是我们自己的故事。最初，我比较喜欢把他人的故事植入班级管理，而忽略了学生们自己的故事。后来，我尝试进行班级"故事银行"的实践，开始慢慢引导学生用自己的故事进行自我教育。

背景：把故事写在哪儿

带着学生写故事，源于我对故事的喜欢。

最初的时候，是我自己去发现班里的故事，然后在恰当的时候讲给学生听。没想到，这竟成了一种教育手段：当自己做的某件事被当作故事讲出来时，当事者自然有了被发现、被肯定、被欣赏的愉悦，也就有了更加主动的自律；而其他人，也会因为故事的真实与无限接近自己，很容易产生认可、趋向和追求的意愿，从而迈开行动的步伐。

慢慢地，学生喜欢上了这些真实的故事，也有了成为故事主人公的愿望。但是，我一个人的视野是有限的，班里的很多故事都在我的无视中流逝了。后来，我开始让值周班长试着记录故事，在"班级日记"中专门留出了"班级故事"栏目。就这样，我的视线之外的故事，也就被这些值周班长记录下来了。

在翻看值周班长写的班级故事后，我惊奇于初中学生看问题的视角，也更坚定了自己的想法：他们不应该只是故事的主人公，也不应该只是故事的聆听者，更应该是发现者。于是，我开始在班里号召全体同学试着发现身边的故事，鼓励每个人都参与到故事记录中来，并在班级墙报中开辟了"班级故事"专栏。"班级故事"专栏的设立很简单，就是在教室后墙黑板的右下角预留出一块"空地"，用粉笔圈出一片方方正正的区域，学生可以随时把自己记录的故事贴在上面。虽然简单，但在很长一段时间里，那里是学生聚集最集中的地方——每到课间休息时间，都会有不少学生围着"班级故事"叽叽喳喳地讨论。

这种传统记录方式坚持了不久，弊端便慢慢地暴露出来：一是不易保存，贴上去的故事用不了多久就会被更新，原来的纸片往往就作为"废物"被清理掉了；二是传播受限，传播空间仅局限于本班学生群体之间，传播时间仅局限于当天当期，被清理掉的就无法再"回看"。这些弊端，开始慢慢影响"班级故事"的效果，学生的参与兴趣在逐渐消减。寻找新的呈现形式，成了必要的事情。

有一天下午放学后，我去检查值日生的卫生打扫情况。刚进教室，就看见讲台上围了一群人，似乎在津津有味地围观什么好东西。"哇，好棒，你看看，太漂亮了！""嘿嘿，真好玩，我也要弄一个！"……自从教室里安上了多媒体，"班班通"带来课堂信息化的同时，也带来了一个严重的问题，那就是学生会在多媒体讲桌的电脑上玩游戏。为此，我把多媒体讲桌的钥匙放在了一个认真负责的班干部手里，只有上课的老师需要使用多媒体时，才会打开。我心里暗想，这些家伙肯定又在玩游戏，必须抓他们一个现行。

我蹑手蹑脚地走过去，站在人群之外，透过脑袋与脑袋间的缝隙朝电脑屏幕看去。一个画面美观的网页出现在我的面前，仔细一看，原来是一个 QQ 空间。"是很美！"不由自主地，我发出了赞美之声。人群瞬间安静，所有的人都惊慌失措地望着我。"老师，他们都想看小杰空间里的故事，我就……"负责保管钥匙的班干部红着脸解释。我看了看低着头的小杰，一本正经地说："小杰，我必须要惩罚你！"小杰急促地说："老师，我错了，我不该上网！"我继续说："罚你教会全班同学使用 QQ 空间，并把空间装饰漂亮。""啊？"小杰一愣，随即高兴起来。

终于，我找到了更好的故事载体——QQ 空间。学生可以把自己写的故事放在空间里，既方便自己保存整理，又方便别人浏览欣赏、点赞留言。就这样，班级 QQ 群的另一项功能被开发了出来，QQ 空间成了学生交流展示班级故事的"主阵地"。

策略：把银行模式请进来

QQ 空间的参与，确实让班级故事兴盛了一段时间。精美的配图，清浅的背景音乐，再加上亲手"调制"的美味故事，足以让每个学生自我陶醉一番。更重要的是，网络让学生之间的互动更进了一步——阅读者会通过留言，说出自己读完故事后的感受；而写作者可以在他人的评议中获得更深刻的认知，与读者进行更深入的交流。这样的互动交流，让写作者和阅读者都在故事中"受益匪浅"（当时学生的口头禅）。

几乎任何事情，做久了都会让人有倦怠感。在兴盛一段时间后，学生们对 QQ 空间的热度慢慢地降了下来。没有足够的吸引力，学生是不可能把一件事情坚持很久的，这一点，我很清楚。怎么办？必须找到一种可以不断激发学生热情的策略。

有一次，我去银行办事，在排队等候的空当儿，脑袋里忽然冒出一个想法：何不在班里搞一个"故事银行"呢？这样不仅可以让学生在不断积累中获得丰收的成就感，还可培养学生的规则意识和素养。经过周密筹划，我班的"故事银行"开张了：QQ空间是每个学生的存单，写上去的故事就是存进银行的财富。在"经营"上，我借用了银行存款的办法，采用两种方式引导学生"存故事"。

一是零存整取。我们都知道，零存整取是银行定期储蓄的一种基本类型，是指储户在进行银行存款时约定存期、每月固定存款、到期一次性支取本息的一种储蓄方式。我们班的"故事银行"也采用了这种"零存整取"的存款方式，班里的每个学生都是固定的储户，每周至少向"银行"存入一个故事，如有漏存，应在下周补齐，不过补存机会只有一次。存期为一个学期，到学期末进行"清账"，把每个学生的存款数量公布出来。学生可以取出"存款"购买班级财富，比如延长班级图书的借阅时间、免除部分非恶性错误带来的惩罚、使用有限的豁免权，等等。当然，学生也可以整体或部分转存，成为下一学期的本金，以获取更大的班级财富。

二是整存零取。整存零取是银行定期储蓄的另一种基本类型，是指在开户时约定存款期限、本金一次存入、固定期限分次支取本金的一种储蓄形式，一般会有一个起始存储量。因为有的同学会在某个周"一无所获"，找不到任何有价值的故事，也会有故事的集中爆发时段，比如学校举行运动会时、班级组织元旦联欢会时，学生会在一天之内发现大量的故事，以至"存款"超量。因此，我们引入了"整存零取"制度，就是在重大活动期间学生可以一次性存入大量故事，这些故事可以在学期内零碎取出，以填补"零存整取"中断档的"存款"，也可以用来购买即时的班级财富，实现"大额财富"的即时消费。

"零存整取"和"整存零取"的综合使用，一方面可以保证学生能在细水长流的日常生活中慢慢寻找优质故事，不会为了凑数而降低故事的质量；另一方面可以让学生在故事的集中爆发时段，成为一个有故事储备的人，可以享受到"富有"带来的淡定从容。其实，懂得储备，本身就是一种必要的生命教育。

"故事银行"的成立，让故事成了学生的个人财富，既保护了学生去发现、写作故事的热情，也让"写故事"成了一种乐趣。以至于，在很长一段时间里，我们班的学生彼此见面时的问候语都是："今天，你写故事了吗?"

成果：朝向成长

"故事银行"的意义有很多，能够归结到学生身上的，大概可以概括为以下几点：

首先，每个学生都成了发现者。在传统的班级管理中，班主任是班级问题和事件的主要发现者，好的，予以表扬和激励；坏的，进行纠正和惩戒。受教师职业特性的影响，作为管理者的班主任往往更倾向于发现学生的问题和错误，也更容易选择教育的方式强化管理，从而导致班级管理刚性有余、柔性不足。"故事银行"的成立，促使班里的每个学生都成为发现者，发现美，也发现问题，他们可以在任何时候、任何地方用自己的心去感受他人，感受世界。

学生小 A 一向独来独往，做什么事情都是一副不屑一顾的样子。班里很少有同学与他来往，他也自视清高看不起任何人。我曾多次与他谈心，让他敞开心扉去接纳同学。他也很坦诚，直接告诉我说，"班里没有好人"。"故事银行"成立一个多月，他的账户上仍然一个故事也没有。问他，他答："一个也没发现。"没办法，我开始手把手地教他去发现，把正在发生的事指给他看，并"强迫"他进行简单记录。一段时间后，他忽然对我说："老师，你还别说，咱班里还真有几个好人呢!"我告诉他："不只是几个哦! 多着呢，你要学着去发现他们。"从此，他再也不需要我强迫着去"存故事"，一点点地走进了班级。其实，发现本身就是一种成长。一个人在发现他人的美好时，要么会走近欣赏，朝着美好的样子去努力；要么会自我对照，在不断的反思中走向成长。

其次，每个学生又是一个被发现者。"故事银行"让每个人在成为发现者的同时，也变成了一个被发现者。一个无心之举，都有可能在毫不知情的情况下被别人发现并记录，成为可以分享的温暖故事。这种被发现，从某种意义上来说是一种更大的成长力量。每个人都有向上、向善、向美的渴望，在聚光灯下，这种渴望就会变得更加强烈。当周围都是发现者时，每个人就如同置身于一个灯光下的舞台上，一言一行自然就会变得谨慎而趋向于美好。而且，成为别人的故事的主人公会带来正向能量，那种被深度认可、被正式理解的成就感，在很大程度上可以激励一个人走得更坚定、更持久。

再次，故事是可以增值的财富。学生存入的故事，大多是零碎而繁杂的，如何让这些简单的只言片语创造更大的价值，是一个很考验班主任智慧的问题。所以，每隔两个月，我都会让学生从自己存入的故事中选择一个最好的，标注为待加工的精品，并引导学生把"只言片语"加工成有标题、有情节、有细节、有思考的完整故事。这些完整的故事，将被收入《班级史志》，正式载入班级历史。同时，我也会从中寻找具有深度修改价值的故事，进行细致修改和加工，推荐给教育媒体。而一旦文章被发表，对写作者来说是一份巨大的红利，对主人公来说是一份巨大的荣耀，而对其他人来说则是一份深深的吸引和诱惑。

从 "教育叙事" 到 "叙事教育"

第三章

　　从"教育叙事"到"叙事教育"的转变，是我带着故事走向教育深处的一场探索，也是我形成叙事教育理念的标志。

　　教育叙事是一种以故事为基本元素，通过对故事进行意义化处理，揭示教育经验或优化教育实践的教育行动。而叙事教育则是一种教育理念和策略，是一种包涵了深层次思维方式与信念的教育实践模型。其内涵可以概述为：以故事为核心，通过教育结构的叙事化改造与提升，实现师生的共同成长。

教育叙事是什么

就个人而言，故事是帮助我走上研究道路的"贵人"。无论是基于个人生活事件的成长性叙事，还是基于教育事件和教育故事的叙事性写作，乃至一线实践中对故事的教育性植入，都只是一种教育手段和改善方式，仍然属于教育叙事的范畴。下面，我将系统谈谈我对教育叙事的整体认知。

"讲故事"是古老的德育方式

"讲故事"作为一种德育方式有着悠久的历史。古代虽没有"德育"这个概念，但它一直存在于故事的流传之中。也就是说，无论国内还是国外，古代道德教育的重担都是由故事来承担的。

在文字产生之前，古人的生存经验及存在法则的延续和流传大多仰仗故事，人类的许多优秀文明就是在古人的口口相授中获得了提炼和修正。从这个意义上来说，故事就是人类文明及人性本身。文字产生之后，故事的流传与存在方式呈现为两种形态：一种是用文字进行记录，成为可以稳定传播的正统文化；一种是口口相传，成为在民间流传的非正统文化。不过，这些非正统文化在流传一段时间后，往往会被正统文化

"收编"，被整理成体现民族精神的故事系统，从而成为用文字"讲"的故事。其中，比较典型的道德故事集锦有两本，即《荷马史诗》和《论语》。

在西方，《荷马史诗》算得上是经典的道德叙事教材。相传，《荷马史诗》并非一时一人之作，而是保留在全体希腊人记忆中的历史。据说，特洛伊战争结束以后，一些希腊城邦的民间艺人将胜利经过和战争中的英雄事迹编成了故事，这些故事由民间艺人口耳相传，历经几个世纪，到了荷马手里被删定为《伊利亚特》和《奥德赛》两部分，集中反映了公元前 11 世纪到公元前 9 世纪古代希腊社会的图景。由这两部史诗组成的《荷马史诗》，语言简练，情节生动，形象鲜明，结构严密，是记录古代道德文明的杰作。英雄史诗之所以能够长期而广泛地流传，并不仅仅在于它能娱人耳目，更重要的是它能启迪人们的心智，鼓舞人们的斗志，引导人们缅怀先辈，继承和发扬先辈的荣光，像先辈那样去进行生存斗争。正是由于这个缘故，当时希腊的各个城邦都竞相把《荷马史诗》中的英雄人物尊为自己的祖先，英雄人物成为那个时代的道德典范。

在中国，一直就有"半部《论语》治天下"的说法。《论语》由孔子的弟子及再传弟子编写而成，至汉代成书，主要记录了孔子及其弟子的言行，较为集中地反映了孔子的思想，是儒家学派的经典著作之一。它以语录体为主，叙事体为辅，集中体现了中国古代的政治主张、伦理思想、道德观念及教育原则等。《论语》闪光的思想、丰富的内涵，至今仍然深刻地影响着我们的民族心理和民族精神。除了《论语》，还有许许多多的经典传世之作，如《孟子》《老子》《荀子》《庄子》《史记》等，无不以讲故事的形式传播道德要求。

在古代，故事就是最早的德育教材，讲故事就是道德教育的第一选择。特别是对没有能力接受正规教育的普通人来说，从故事中接受道德营养几乎就成了唯一路径。所以，无论是学堂里的引经据典，还是田间地头的口口相传，都是在用讲述故事的方式，进行着最古老的道德教育。

关于"教育叙事"的叙事

首先，叙事属于文学范畴，教育叙事是从文艺理论研究领域的叙事学中衍生出来的一个教育学概念。最初，加拿大的几位课程学者在进行教育学研究时，将叙事研究作为教师的研究方法，逐渐运用于教育领域，从而出现了教育叙事研究的说法。

因为教育叙事脱胎于叙事学，所以叙事学领域中会遇到的问题在教育叙事研究中也会不可避免地出现。其中最大的问题是，过分注重"结构研究"，而对叙事学概念的界定一直处于纷争状态。如此，教育叙事概念的界定就成了一个不可回避的现实问题。

20 世纪 90 年代末，华东师范大学丁钢教授开始翻译介绍国外的"叙事研究"，国内德育研究领域也出现了"叙事转向"。2001 年 3 月，万俊人在《读书》杂志上撰文《重叙美德的故事》，直接论及叙事与道德教育的关系，首开"用叙事的视野考查道德教育问题"的先河。之后，越来越多的学者认识到，青少年德性的培养，从方式或方法上看，并不仅靠义理的灌输或理性的说教，还可以采用叙事的方式，让受教育者在"过有道德的生活"中，"认识社会与道德，体验生活及道德，发展道德理性与道德感悟的能力，进而将自己的认识、体验、感悟化在生活之中"，生成"德性品质"。

目前，国内对教育叙事的研究还未形成大的气候，始终坚持在这一领域研究的专家学者为数不多，对教育叙事进行概念界定的就更加少见。下面，我简单概述几位专家的定义。

丁钢认为，教育叙事是表达人们在教育生活实践中所获得的教育经验、体验、知识和意义的有效方式。

刘良华认为，所谓教育叙事就是作者以叙事、讲故事的方式表达对教育的理解。它不直接定义教育是什么，也不直接规定教育应该怎么做，它只是给读者讲一个或多个教育故事，让读者从故事中体验教育是什么或应该怎么做。

郑金洲认为，作为行动研究成果表述形式的教育叙事，既指教师在研究过程中用叙事的方法所做的某些简短的记录，也指教师在研究中采用叙事方法呈现的研究成果。

倘若对这些描述进行总结和归类，我们便可以推断出这样一个结论：教育叙事的目的是"以不直接定义的方式讲故事并呈现教育经验"，叙事的主体是"教师（人们、作者）"，叙述的内容是"充满实践意义的教育生活"，获得的成果是"教育经验、体验及对教育的理解"。换一种方式表述就是：教育叙事是教师为了呈现教育经验成果，以（曾经历或正在经历的）充满实践意义的教育生活为背景，以讲故事（教育故事）的方式把自己对教育的理解和体验告诉读者。从这样的表述中我们似乎发现，教育叙事是为研究或表达教育经验而存在的，侧重的是教师对教育经验的反思和总结、概括与提炼，这种表述中缺少对教育叙事实践功能的描述。

综合以上观点，我对教育叙事有了新的理解，那就是：教育叙事是一种以故事为基本元素，通过对故事进行意义化处理，揭示教育经验或优化教育实践的教育行动。它主要包括两个方面的内涵：一是在讲述故事的基础上，通过对故事进行感悟和反思，揭示内隐于生活事件、教育经验及行为背后的教育思想、教育理论和教育信念，从而发现教育的本质、规律和价值意义，促进教育者的专业发展；二是在对故事进行教育性设计的基础上，通过使用具有教育意义的故事、生活事件、教学事件来推动学习者的品德建构，从而促进学习者道德水平的提升。

我的这一界定，扩大了专家们对教育叙事的理解。从功能上来说，教育叙事不再只是教师反思的载体与工具，更是教师教育实践的方式与手段；从价值上来说，教育叙事推动的不再只是教师的自身成长，而是师生的共同发展。当然，这一界定的科学性还有待进一步研究和修正。

教育叙事是行动，也是研究

按照我对教育叙事的界定来分析，它便有了双重任务：一是通过故事实施德育，达成育德育人的目的，属于教育行动的范畴；二是通过叙事进行反思，实现教师的专业成长，属于教育研究的范畴。

通过故事实施德育，实现育人的目的。育人是教育叙事的第一目的和直接任务，这一任务的实现途径可分为三个层次，分别是：在叙事中育人，通过叙事育人，让叙事来育人。比如，我在第三章中谈到的班级晨会就属于"在叙事中育人"，仅仅根据需要讲述故事就可以实现，不需要配合其他的教育环境；而国旗下讲话、学科课堂和家长会则属于"通过叙事育人"，需要在讲述故事时综合考虑教育背景等因素，有技巧和方法地介入；德育活动的故事化设计则属于"让叙事来育人"，需要教育智慧与艺术的高度渗透与参与，属于最高层次的叙事育人。由此，我们可以这样说，教育叙事所关注的不仅仅是如何叙事的问题，而是如何通过有效的叙事，有效地破解德育低效的难题，实现科学育人和有效育人的目的。换句话说，就是要探讨如何在德育过程的各个环节融入故事的元素，以便更科学有效地促进学习者道德内化。

通过叙事进行反思，实现成长的目的。在使用故事育人的过程中，教育者需要带着问题和教育意图去选择故事，需要在叙事过程中分析和审视叙事效果，并寻找和发现叙事的规律。实际上，这一过程就属于教育叙事研究的过程，可以帮助教师获得专业上的成长。但是，教育叙事对教师成长的价值并不局限于此。或者说，这一过程只是叙事研究的冰山一角，它更大的领域是教育者对教育生活中的人或事的叙事性研究。也就是说，教育者可以通过叙事把整个教育实践过程与环节当作样本进行反思性研究，从而获得教师专业水平的全面提升。

这一研究，可以从两个方面来理解——

一方面，教育叙事是一种教育写作形式。叙事写作，就是教师以讲故事的形式，记录教育教学中发生的各种真实鲜活的教育事件和发人深省的动人故事，以获得内心体验和对教育的体悟。这个"叙事写作"，就是我在第二章所谈到的叙事写作，它的意义也可以概括为两个方面：一是，通过叙事写作教师一改之前"只知低头拉车"的状态，不再漠视、忽视教育教学中存在的问题，能够积极反思和追问，将遗憾和教训转变为思考的样本；二是，通过叙事写作教师在教育实践活动中获得的经验得到了升华和固化，并以文本的形式得到了传播和扩散，由个体经验转换为公共的实践策略，提升了其实践活动的价值。总之，无论是教育失误还是教育成功经验，都可以在叙事写作中得以提炼和提升。

另一方面，教育叙事是一种实践性研究。教育叙事是在讲故事，却又不止于讲故事，它更真实的质地应该是在"叙述故事"的基础上，通过对故事进行感悟和反思，发掘或揭示内隐于生活事件、教育经验及行为背后的教育思想、教育理论和教育信念，从而发现教育的本质、规律和价值意义。从理论上来说，教育叙事不是纯粹的叙事写作，而是一种针对"自己的亲身经历"的研究，是一种事实性、情境性、过程性的研究，是教师在教育教学活动中对实事、实情、实境和实际过程所进行的记录、观察与探究，从而获得对事件的解释性意见。一篇教育叙事的基本构成要素是"事件＋反思＋主张"。"事件"是我们研究的内容，我们把一件事情记录下来，实际上就是建立了一个研究模型和样本；"反思"

是我们研究的路径，即通过对事件的反思，挖掘出隐匿在事件中的教育意蕴和价值；"主张"则是我们研究的成果，是我们对教育故事进行深度反思研究后得出的结论。

由此我们可以做出如下判断：教育叙事是一种行动研究，叙事写作的过程就是研究的过程，叙事的文本就是形成的研究报告。

教育叙事最终指向的是成长

教育叙事是一种最贴合教师实际的研究形式，它不是简单地叙述一个故事、讲述一个情节，而是在叙事的基础上阐明自己的理解、提炼自己的观点、优化自己的教育实践。从这个角度来说，教育叙事最终指向的应该是生命成长，其成长力主要表现在三个方面——

一是发现的能力。开车需要车感，打球需要球感，玩音乐需要乐感，画画需要色彩感……这些"感"，就是一个人在某一领域获得成长的必需品。同样，做教育也要有"教育感"，即对教育现象、教育问题的高度敏感。有的人做了半辈子教育，仍然不懂孩子，不懂教育的真谛，为什么？跟缺乏"教育感"有很大关系。比如说，见到一个原本内向的孩子在校园里疯跑，有的教师会视而不见，有的教师会严厉喝止，有的教师会发现教育的契机，之所以出现不同，是因为他们的发现力不同。幸运的是，"教育感"是可以培养的，撰写教育叙事就是培养"教育感"的最佳途径。一个坚持叙事写作的教师，总是善于从不被常人关注的现象里发现教育的精髓，总是善于从那些寻常细节里发现动人的教育力量。发现是一种能力，一个教师能否从纷繁芜杂的教育生活中发现教育的契机和切入点，基本上决定了教师专业发展可能性的大小。所以，"一粒沙里见世界"，不仅是诗人的情怀，更应该是一个教育者的基本功。

二是反思的能力。面对烦琐的工作，做老师的都会产生疲惫不堪的压力感。一不小心，牢骚和不满就会淤积一大堆，若是再遇到"同仇敌忾"的同事，合起伙来就能把对教育生活的厌倦和无奈宣泄得一塌糊涂。牢骚是一个很奇怪的东西，你发泄得越多，补充得就越多。为什么会有那么多的牢骚？因为我们失去了思考和反思的能力。当一个人失去了自我反思的能力，目光所及都是外在对自己的亏欠，很少考量自己的不足和失误，就有可能陷入一味抱怨和指责的怪圈。反之，如果一个教师具有了反思的习惯，就可以用理性的目光看待生活中的不如意，就可以用修正的态度去考量工作中的失误和错误。所以，对于教师来说，具有足够的反思能力是专业发展必不可少的要素之一。而教育叙事最直接的作用就是通过叙事写作，让教师学会通过文字来反思自己的教育生活，养成反思的习惯，进而形成反思的能力。可以说，反思是教育叙事最核心的价值。

三是改变的能力。有了发现的能力、反思的能力，便有可能获得正确的认知，进而在行动上做出改变。改变是一种能力，以什么样的方式进行改变，进行怎样的改变，需要一定的设计和技巧。若是开展轰轰烈烈的大变革、大革命、大推翻，就会有不安和不舒服，甚至是难挨的痛苦，从实现的可能性上来说也要大打折扣。比较理想的改变方式是持续不断地做一些小的改变，发现一点问题，就进行必要的反思，然后做一些微小的修正。这种小碎步式的调整与改变，比较符合人的成长规律，在心理上也容易被接受，日积月累后就可以成就教师专业发展的大改变。

我始终认为，一个教师的成长需要自由的心灵和诗意的情怀。没有写作，没有思考，教师的灵魂会变得世俗，教师的世界会变得狭小，教师就会为生活所困，就会为利益所困，心情就无法舒展，心胸自然就会萎缩。所以，当现实中很多东西根本无法改变时，我们唯一能做的就是让教育叙事成为教师生命的一部分，让教师在敲打文字的畅快与安逸中，在静静回味、深刻反思的悠闲中，觅得生命的成长。当然，这里的成长并非仅指教师的成长，其间也包含了学生的生命成长。但是，教师的成长应该是根本，是学生成长的前提和保障。这一点，毫无疑问。

马克斯·范梅南说，从事实践性研究的最好方法，就是写出和不断写出一个个真实的教育故事。我认为，教师最好的自我成长方式就是从事教育叙事研究。

叙事教育的试水与内涵分析

我的教育叙事之路主要涉及两个方面：一是写故事，叙事写作是我成长的最原始的起点；二是讲故事，用"故事法"改善班级管理是我最有效的实践经验。这条路，我走了整整十五年。从 2011 年起，我开始对自己的教育叙事实践进行系统梳理，逐渐形成了自己的教育理念——叙事教育。

叙事教育的最初实践模型

2010 年，我走上了学校德育的管理岗位，我的教育实践范围也从一个班级变成了一所学校。但是，我没有放弃故事，而是更加深入地开展叙事研究，对学校的德育工作进行了整体性的叙事化建构。2011 年，经过一年的实践，我的叙事教育实践模型初具雏形。我把这一模型的架构描述如下：

1. 系统规划学校德育，明晰德育目标和主题

当时，我所在的学校是一所处在城乡接合部的九年一贯制学校，学生大都是外来务工人员的子女。从整体来看，学生的基本素质普遍较低且差距较大，绝大多数学生做人、做事及学习的能力较差。针对这种情

况，我们在整体研究各级德育要求的基础上，提出了"学会做人、学会生活、学会学习"的学校德育主题，并把三大德育主题细化成了二十四项意识或能力要求。以"学会做人"为例，我们把它分解为自我意识、集体意识、劳动意识、责任意识、担当意识、公民意识、国家意识和国际理解能力共八个小项，每个小项都有具体的德育目标、德育内容、德育评价。通过这样的细化分解，我们就形成了以"三个学会"为主题的"三大项二十四小项"德育目标要求，作为学校德育工作的操作性纲目和纲领性理念，统领学校的德育工作。在此基础上，我们再根据每个月的重大节假日及德育需要，大致划分月度教育主题，初步形成月度教育方案。

2. 确定符合主题的故事，启动"故事大课堂"

月度主题确定以后，叙事教育实施者就要寻找和挖掘与主题相关的德育故事，利用每周一的国旗下讲话时间启动"故事大课堂"。也就是说，对常规的国旗下讲话进行叙事化改造，使之变成以讲故事为主的"故事大课堂"，以确定新一周的德育主题。下面的例子可以做出很好的说明。

某一天，我在校园巡视时发现一位班主任正在处理两个同学间的矛盾。无论班主任怎么规劝，一个学生总是强调是对方先骂了他，自己打他是理所当然的。看到这里，我马上想起了一个故事《保持自己的水准》，并迅速做好了"故事大课堂"的备课工作。在下周一早晨的升旗仪式完成之后，我主讲了"故事大课堂"。首先，我不提名地讲了自己那天所看到的事，然后问学生们有没有经历过类似的事情。他们都笑了，有的大声说："有有有！"之后，我给他们讲了一个故事——

　　有一位教授带着小儿子去买水果，在水果摊上挑选水果时，小贩很不耐烦地说："先生，你到底买不买？不要这样挑来挑去的。"教授礼貌地回道："要买！要买！"接着把挑好的水果交给小贩，并问多少钱。小贩轻蔑地说："这可是很贵的哦，你买得起吗？"教授依旧谦虚地回答："买得起，买得起。"并把钱递给小贩。在回家的路上，小儿子一路沉默，快到家时，实在忍不住，便问道："爸爸，您是教授，是学者，在我心目中是偶像，是令我景仰的人，为什么今天却让小贩如此吆喝？难道您一点儿也不生气吗？"教授回答道："待人有理、谦虚、礼貌是我的水准，无礼、势利是小贩的水准，我不能因为一个粗鲁的人，而破坏我自己的水准。"

然后，我与学生进行了深度交流，学生从中明白了一个道理：一个优秀的人，不能因为别人做得不对而跟着他去做，更不能因为别人做错了就以更错误的方式去处事。因为那样，你就降低了自己的水准。

3. 围绕"故事大课堂"，召开叙事型主题班会

由国旗下讲话改造而来的"故事大课堂"，是开启一周主题教育的主阵地，而真正深度落实德育主题的阵地应该是每个班所召开的主题班会。班会召开之前，每位班主任要结合"故事大课堂"揭示的主题，进行叙事型主题班会的备课。

叙事型主题班会，是指围绕一个教育主题，有目的、有组织、有策略地呈现具有教育意义的故事或生活事件，调动学生对故事（事件）的积极体验和情感上的共鸣，促进学生品德发展的一种班会形式。叙事班会与常规班会的最大不同就表现在德育实施手段上：常规班会往往以讲道理为主，把空洞乏味的人生道理灌输给受教育者；叙事班会则是通过鲜活生动的故事把人生哲理、生活道德传递给学生，通过故事的浸润达到"大教无痕"的境界。

4. 亲子共享，让故事走进家庭

主题班会结束后，学生要将本周"故事大课堂"上校长讲的故事和主题班会上班主任讲的故事带回家，与父母分享，同时父母也要把自己

的故事分享给孩子。学生的年龄段不同，这种"双向分享"的要求也不同：对于小学一二年级的低段学生，只要求他们向父母大概复述学校里听来的故事，并请父母再给自己讲一个故事；对于小学三四年级的中段学生，要求他们不仅能够清晰地复述学校故事，还要学会与父母交流感受，耐心聆听父母的故事，同时尝试讲述自己身边发生的类似故事；对于小学五六年级及初中的学生，要求他们既能够复述、交流、聆听故事，还要写出一个相关的主题故事，以班为单位制作电子故事集。

我对叙事教育的理解

迄今为止，还没有人系统地论述过叙事教育，更没有人给出完整的概念。这或许就是我提出这一概念，并尝试对其进行简单论述的意义和价值。下面，我就结合上面的实践模型来谈谈我所理解的叙事教育。

从本质上来说，教育叙事是方法手段，叙事教育是策略理念。教育叙事的本质在于通过讲述发生在教育生活中的故事，揭示教育是什么和应当怎么做。这里的"讲述"既包含借助文字去记录，也包括故事在口语表达、肢体表演中的运用。这就决定了教育叙事在两个层面上的意义：一是教师通过撰写教育故事，不断进行自我反思，从而获得专业成长；二是教师通过故事优化自己的教育实践，不断提高自身教育水平，从而促进专业成长。也就是说，故事是一种帮助教师获得教育理解的工具，而教育叙事是通过故事帮助教师获得职业成长的一种手段。叙事教育的本质在于教师通过故事理念实现教育理念。故事理念的内涵主要包括两个方面：一是使教师认识世界、他人和自己；二是以它所传递的社会文化规范、风俗习惯来塑造教师。如此，故事理念就可以帮助教师实现教育理想，教师就可以通过叙事的方式做教育。从这个意义上来说，叙事教育是一种超越方法与技巧的教育理念。

从形式上来说，教育叙事是点上的行动，叙事教育是面上的体系。我们可以用上面的"模型"来说明问题。"模型"中的"故事大课堂"、叙事型主题班会、家校沟通中的故事媒介等，都只是教师教育实践中的某种具体做法，只是零散地分布在不同领域的"零件"。然而，当我们把这些故事化的"零件"用故事理念整合起来，形成一个充满故事气息的办学体系时，这个体系就具有了完整的链条结构和理论框架，就不再只是一招一式的金点子了。我们可以做一个比喻：如果叙事教育是一座金碧辉煌的宫殿，那么教育叙事就是支撑它的一根根桩基、垒砌它的一块块方砖；如果叙事教育是一列飞速奔腾的高铁，那么教育叙事就是一节节的车厢、一排排的座位。所以，教育叙事是点，是解决某个问题的具体做法；叙事教育是面，是实现教育理想的操作体系。

从实践上来说，教育叙事独自成行，而叙事教育则是教育范式。我所建构的学校叙事教育模型，就是以故事为主元素，把故事理念贯穿到学校教育体系之中，以实现学校教育在时间、空间、人物和事件四个维度上的拓展。时间维度上，故事从周一早晨开始，贯穿周一全天，并延伸至全周，自始至终影响、陪伴学生的生活；空间维度上，故事从升旗仪式的特定地点，到教室、校园乃至家庭，直至扩展至社会；人物维度上，讲故事的人有校长、教师、家长和学生；事件维度上，整个教育过程中，不仅有故事的讲述，还有讨论、交流和总结，甚至辩论和质疑。在这样的理念之下，叙事教育真正实现了故事的价值，成了一种有意义、有温度、有可操作性的教育范式。

由此可知，叙事教育既是教育方法，也是教育理念。其作为一种系统的学校教育模式，不仅有独特的理念和主张，更有科学规范的操作模式。总起来说，我们可以这样给它下一个定义：叙事教育是一种以故事精神为核心，发掘内隐于故事内容及叙事过程中的教育范式，通过教育结构的叙事化、整体性改造与提升，实现师生共同成长的教育理念。

叙事教育的基本特征及价值

故事是叙事教育的核心，叙事是叙事教育的基本策略。叙事教育的故事性，决定了叙事教育是一种以情感体验为载体的教育方式，也就决定了叙事教育的"柔性"特质。

首先，叙事教育通过叙事达到相互沟通、相互理解、相互激励、相互启发的目的。一方面，促进教育者与教育者、受教育者与受教育者之间的情感交流；另一方面，促进教育者与受教育者之间的情感交流。由此可以看出，情感是叙事教育的核心，也是基础所在，是叙事教育的柔性特质得以实现的根本保证。

其次，叙事教育通过叙事达到触动自己也触动他人、感动自己也感动他人、教育自己也教育他人的目的。一方面，教育者通过叙事让自己有所触动、有所感动，从而完成自我教育；另一方面，教育者通过叙事启动直抵心灵的教育行动，让学生经历触动、感动，最终实现心灵和能力的成长。其中，"触动"是中间环节，也是关键所在，是叙事教育的柔性特质得以实现的重要手段。

再次，叙事教育的柔性特质还体现在其对受教育者道德形成的系列价值上，主要有以下几点：

德育叙事有助于增进学生对道德的理解。有些教育者常常会以可直接操作的赤裸裸的行动命令来告诫学生，如"这应该做，那不应该做""应该这样做，不应该那样做"，等等。这种教育方式从本质上来说是说教和灌输。这些看似具体实则抽象的道德说教和灌输，对于任何一个人来说都是枯燥乏味和难以理解的，更不可能内化为人的道德情感。道德不可能脱离生活而独立存在，它必须通过生活中的各种具体情景和具体道德行为表现出来，学生对道德的理解也是基于这些具体情景和具体道德行为的。因此，让学生通过对故事的讲述和理解来完成对道德价值观的理解和接受，是叙事教育特有的优势。

德育叙事有助于增进学生对人的理解。人与人之间的交往是由一系列道德行为组成的，各种道德行为按照一定的规则"串联"起来就成了叙事。因此，我们倾向于把别人的行为置于一个叙事文本中来理解。为此，美国印第安纳州圣母大学的阿拉斯代尔·麦金泰尔教授指出，"人本质上是一种讲故事的动物"，我们都生活在自己的故事里。叙事是"人类行为的最基本和最本质的类型"，我们可以在叙事里，理解人的行为，理解人性。因此，教育叙事的过程，就是解读人和人性的过程。

德育叙事有助于增进学生对生命的意义的理解。生活经验是德育叙事的内容，德育叙事是生活经验的再现形式。生活经验由生命的意义和生命活动共同构成。生命的意义统一于生命活动之中。当生活经验被赋予叙事的形式之后，其中蕴含的生命意义便得到加强，并且在叙事中的每一个道德行为上或多或少地体现，因为"对世界的描述，无论是分析、叙述、解释，还是阐释，都必定带有伦理的、哲学的和意识形态的含义"。因此，德育叙事是学生理解生命的意义的最佳载体，学生对德育叙事的理解也是对生命的意义的理解。

共同对话有助于学生道德智慧的提升。学生个体对道德和人的理解仅仅是初步的，甚至是肤浅和不成熟的。因此，叙事之后的讨论显得尤为重要。讨论是教师引导学生通过"交互质问、批评和重构"来深刻理解道德，理解人和生命，从而提高道德认识水平，促进道德的发展。因此，讨论的过程也是学生道德智慧提升的过程。

叙事教育与其他教育方式的对比

目前，在我国使用比较广泛的教育形式有两种，一是说理教育，二是养成教育。两者相比，养成教育重视学生品行与规范的实践性培养，强化习惯养成，其实效性和可行性均高于说理教育。但是，养成教育也有局限性，过度的行为约束和管制，容易造成"情感"的欠缺与匮乏。

近年来，叙事理念开始在我国教育研究领域发展起来，并逐渐被教师理解和使用。在这一背景下，我在近二十年教育叙事研究的基础上，尝试提出了叙事教育的教育主张，现将叙事教育与前面两种教育方式做一下对比。

目标理念。说理教育强调说教育人，重在品德塑造；养成教育讲究行为养成，重在通过强化与重复培养学生的良好习惯；叙事教育重视情感引导认知，强调品德的自我建构。总起来说，说理教育的核心在于"外在输入"，养成教育的特质在于"重复强化"，叙事教育的关键在于"情感引导"。

内容特点。说理教育的特点是说理性、教化性和塑造性的统整，教育内容以训导式的塑造为主，重在把人"加工"成符合某种规范的"标准件"，具有流水线性质；养成教育则注重利用各种活动对受教育者进行重复强化，促使受教育者逐渐形成某种道德规范，具有活动性、强化性和形成性的特点；叙事教育则以讲述故事为基本形式，通过故事让学生因感化而自主生成某种道德情操。由此可以看出，叙事教育只是为道德的生成提供了环境和可能，学生才是道德建设的主体。这一理念，完全符合素质教育的要求和规范。

过程特点。说理教育的教育过程一般可以理解为教导、灌输直至明理，整个过程中教育者占据主动权，受教育者处于被动接受的地位。养成教育一般遵循制定行为规范、强化养成习惯、形成某种品格的教育路径，受教育者在教育者拟定好的规则与训练程序中逐步养成习惯品质。叙事教育大概遵循感触、感动、感悟的节奏，受教育者在故事的作用下，因触动而感动，因感动而有所感悟，然后自我内化形成品质。所以，叙事教育强调的是情感的力量，依靠的是受教育者的自我主动成长。

师生角色。在说理教育的理念下，教师被誉为"灵魂的工程师"，教师的作用被过分强调；学生属于被塑造的对象，处于道德形成的从属地位，是在教师的教导下生成道德。在养成教育过程中，教师是道德行为的训练师，学生是被训练的对象，学生道德规范的获得多依靠机械重复来实现。而在叙事教育的理念下，教师是心灵的感化师，依靠故事的魅力拨动学生的心弦；学生是被感动的对象，是道德建构的主人。在这一过程中，学生被感动不是因教师，而是因教师提供的故事，即教育者通过故事营造出来的德育环境。

具体方法。在实施说理教育的时候，教育者往往采用说服、榜样、告知等方法向被教育者传递自己的道德要求，过程中往往伴随惩戒等措施的实施。养成教育更多的是通过活动进行训练和练习，让受教育者在反复的实践中形成品质与习惯。而叙事教育则更注重借助叙说、演示、反思、体验、自省等方法来实现教育目的。

通过以上对比，我们可以发现：说理教育重在道德经验的直接灌输和传递，过程中缺少受教育者的主动参与；养成教育重在强化训练和重复实践，过程中有受教育者的参与行为，但整体上缺少情感因素；叙事教育属于情感教育，在学生心灵培育和道德素养提升上具有得天独厚的优势。但是，叙事教育也有其自身的缺陷，那就是"柔性有余，刚性缺位"，导致其在学校管理和班级管理中必然会有现实上的不足。比如对学生的约束性薄弱，不利于快速形成基本的集体规则。

结合个人的实践经验，我总结出比较理想的教育模式是养成教育与叙事教育并行，通过养成教育让受教育者形成必要的规则意识，通过叙事教育为养成教育植入情感因素和动力支持，从而整体提升教育质量和品质。

叙事教育的课程化实施

近年来，我对叙事教育的研究进入了课程化实施阶段。目前，比较成型的叙事教育课程主要有两大类：一是结构式叙事教育课程，就是围绕学校办学文化，建构整体学校叙事教育系统，形成立体互动的叙事教育实施体系；二是主题式叙事教育课程，就是依托学校文化，就某一个教育主题进行全方位的叙事化实践。下面，我就以江苏省苏州市相城区望亭中心小学的"我喜欢你"主题叙事教育课程为例，简单介绍主题式叙事教育课程的开发与实践策略。

课程开发的背景

望亭中心小学是一所具有百年历史的乡村学校。学校的核心办学文化是"让我们一起温暖地绽放"。"绽放"是学校的办学目标，意在让师生通过寻找自身的价值与方向，逐渐绽放成自信的自己；而"温暖"则是实现师生自我绽放的途径，即通过什么样的方式和策略，实现师生的自我发现、自我成长与自我绽放。在这样一种理念文化下，望亭中心小学对师生的发展现状进行了细致的觉察，最终寻找到了一个可行的"温暖"行动——我喜欢你。他们希望通过"我喜欢你"行动，发现每个人身上蕴含的美丽与美好，唤醒其潜在的向上与向善的渴望，激发出其朝向成长的精神力量。

"叙事教育"作为一种教育改革行动，就是通过对常规教育的故事化改造，把空洞而又生硬的说理、训话等教育手段，以讲故事的形式进行优化，从而实现教育的柔性化与温暖化。从理论上来看，望亭中心小学的"温暖式唤醒"与叙事教育的"故事化温暖"有着根基上的黏合点，也有着高度的契合性，望亭中心小学的学校文化与叙事教育的理念实现了某种意义上的链接，能够互相融入与渗透。基于此，望亭中心小学开发了以"我喜欢你"为主题的"叙事教育"课程体系，以"故事"为核心元素开展了系列教育行动。

"我喜欢你"叙事教育课程实施方案

"我喜欢你"叙事教育课程的基本框架呈现为两部分：一是学生对教师篇，主要是通过对国旗下讲话的叙事化改造来进行，就是由主持升旗仪式的班级，在国旗下讲话环节讲述发生在师生之间的故事，以此来表达学生对教师的爱与喜欢；二是学生对学生篇，主要是通过对班会课的叙事化改造来实现，具体做法就是发动班级学生挖掘发生在某个学生身上的故事，借助周五下午的班会课集中进行故事展示，以此来温暖、鼓励更多的学生走上"绽放"之路。

"我喜欢你"叙事教育课程实施方案

【课程主题】我喜欢你

【课程目标】通过"我喜欢你，××"的表达活动，让学生学会表达对老师和同学的喜欢，学会用欣赏的眼光看待周围的人；通过讲述师生之间、生生之间的真实故事，让故事温暖每一个"望小"

人，提升全校师生的幸福感。

【课程内容及实施】

1. 教师篇——我喜欢你，××老师

(1) 活动时间：每周一集体晨会的国旗下讲话时段。

(2) 活动地点：学校绽放广场。

(3) 表达人：轮值班级的学生。

(4) 被表达人：望亭中心小学全体教职工。

(5) 活动过程：按《国旗下讲话时间安排表》中的顺序，轮值班级的学生在国旗下讲话环节讲述班级故事。

(6) 活动要求：轮值班级要利用班级晨会、班会等时间，提前一周征集师生之间发生的感人故事，并进行筛选、挖掘和整理，确保故事的真实性和感染性。每次活动的表达人可以是一个学生，也可以是一组学生；被表达人可以是一个教职工，也可以是多个教职工。

2. 学生篇——我喜欢你，××同学

(1) 活动时间：周一至周五的在校时间，重点是周五的班会时间。

(2) 活动地点：各班教室。

(3) 表达人：望亭中心小学学生。

(4) 被表达人：望亭中心小学学生。

(5) 活动过程：周一确定“喜欢”，每班确定一名被表达学生，将其照片及个人自我介绍张贴在“我喜欢你”班级墙上；周一至周五张贴“喜欢”，班里其他同学将写有“喜欢理由”的贴纸贴在“我喜欢你”班级墙上；周五班会时间表达“喜欢”，学生面对面说出“喜欢理由”，讲述发生在被表达人身上的感人故事；周末收藏“喜欢”，周五放学后，被表达人可以将班级墙上的所有“喜欢”带回家，与父母分享幸福与喜悦，并在家长的帮助下制作"我的幸福"成长故事。

（6）活动要求：教师要从学生简单的"喜欢理由"中发现故事的元素，并帮助1—3名"表达人"挖掘出细节故事，在周五的班会课上讲述。

【课程评价及展示】

1. 学生对教师篇中，被表达教师的教育故事会在学校微信公众号上隆重推出，学期末从中推选出优秀者参加师德故事演讲活动，并进行表彰奖励。

2. 学生对学生篇中，被表达学生均会获得由学生、家长和班主任合作制成的精美成长纪念册，而且由学校在学生毕业典礼上作为毕业礼物赠送。

课程实施与推进的经验概述

"我喜欢你"叙事教育课程的实施，为望亭中心小学带来了一股温热的成长力量，受到了广大师生、家长和社会的广泛赞誉。他们的教育改革行动，至少有以下三条经验值得我们借鉴和思考。

经验一，彼此影响是最为重要的一种德育力量

传统德育喜欢统一性的布置与绝对化的要求，喜欢把某些德育内容以宣讲或教化的形式灌输给学生，对他们进行普遍性的改造。这种做法是由上而下的，且过于空泛和教条，往往很少能够"深入人心"。望亭中心小学的"我喜欢你"叙事教育课程，注重人与人之间的彼此温暖与感动。当那些不被人注意的细枝末节，被发现并隆重讲述出来的时候，受感动的不仅仅是讲述者和被讲述者，还有众多看起来毫不相关的其他人。

在 2017 年 2 月 20 日的国旗下讲话中，六（1）班的柳梓樱同学讲述了发生在她与张丽静老师之间的一个故事。整个故事讲的是，有一次柳梓樱偶然生病，张丽静老师精心照顾并妥善安排一切事宜的经过。其实，这样的故事很多，但是柳梓樱讲到的一个细节却让我颇有感触，她说："张老师见我的情况有点严重，就给我妈妈打电话。我在一旁听着，真想妈妈快点来啊！可张老师居然轻描淡写地只说我有点不舒服。我觉得非常奇怪，为啥张老师不实话实说呢？等妈妈到学校后，谜底才揭开。原来刚才张老师是担心我妈妈听到我昏倒的消息，会把电动车开得飞快，在路上会不安全……"我相信，张丽静老师的做法肯定是出于习惯而已，习惯了对他人负责，习惯了为他人着想，她自己在事后肯定不会记得这些，也不会意识到自己做得有多么好。但是，这样的故事被学生讲出来后，全校师生都会被感染，其他学生也一定会在心中默默回忆发生在自己身上的类似的感人细节，而其他教师也一定能够有所感悟和思考。

这样，通过一个故事的传播就把温暖和爱传递给了很多人，也影响和改变着很多人和事。讲述者、被讲述者及聆听者之间的情感传染是一种无形的精神力量，一个行动可以唤醒无数个正在沉睡的行动，一份美好可以裂变为无数个美好，一个故事可以引发无数个更加美好的故事。这种精神力量源自人与人之间的彼此影响，也是学校德育中最为重要、最不可忽视的力量。而叙事教育的魅力就在于，我们恰恰重视了这样一种力量。

经验二，必须发现并重视故事在德育活动中的价值

叙事教育强调的就是故事的意义，"我喜欢你"这个主题课程如果没有故事的参与，就与传统的、一般意义上的德育活动没有实质性的区别。

首先，故事是唯一的，它的私有性决定了它的生命力。传统德育喜欢用千篇一律的语言强调某种德育目的，比如说要表达对某一个学生的喜欢与爱，通常的语言就是"某某某，你太好了，我喜欢你""某某某，你品德高尚，值得我们学习""某某某，你助人为乐，是我们的榜样"……如果我们静下心来细想，就会发现这样的语言加在任何一个优秀的孩子身上都适合，任何一个优秀的孩子也都具有这样的普遍品质。很明显，这样的表扬和赞誉是肤浅的，虽然在最初的时候能够带给学生一些激励和感动，但时间久了，当这些话被套用到大部分孩子身上时，其意义和价值还会存在吗？所以，我们强调挖掘发生在学生之间的真实故事，用具体的细节来诠释学生品质的独特性。换句话说，故事的细节越丰富，与其他故事重叠的可能性就越小，当故事细致到只属于某一个孩子时，故事的力量就会空前强大，它的生命力和教育意义也会达到顶峰。

其次，故事是温暖的，它能够打动一切应该被打动的人。传统德育最失败的一点就是无法打动被教育者，高高在上的灌输与说教，根本就无法真正走进学生的内心。故事就不一样，它首先是温暖的，有着润物细无声的穿透力和黏着性。当一个故事走进了学生的心田，教育就会在他的心灵深处慢慢生根发芽，最终成为影响他生命成长的柔软力量。最近比较流行一档节目《朗读者》，从名字中我们不难看出它是一档与朗诵有关的节目，但当我们真正观看节目后便会发现，真正打动我们的是朗读者们分享的那一个个生动的故事。在第一期节目中，周小林与妻子殷洁的朗诵，如果单从朗诵技巧和水平上来说真的算不上高水平，但是他们讲述的爱情故事却打动了所有人。我在想，倘若没有朗诵之前的故事为情感打底，他们的朗诵还会有多大的价值？又能够得到多少人的欣赏和认可呢？所以，利用师生之间的温暖故事，打动一切应该被打动的人，才能使我们的德育更具生命力。

经验三，主题式叙事教育课程是破解教育沉疴的一剂良药

教育是一项古老的活动，在长期发展过程中难免会出现沉疴。比如师生关系，从古代的"师徒如父子"到现在提倡的"朋友式伙伴"，都没有彻底消除横亘在师生之间的那道鸿沟。特别是今天，谈及师生关系，教师和学生都愿意以受害人的身份出现，似乎双方都受到了不公正待遇。教师的口头禅往往是"教了一群狼崽子"，意思是老师费神费力教学生，学生不但不领情，还把老师视为敌人；学生则认为老师"不尊重学生"，动不动就拿出"老子管儿子"的姿态压制人，认为老师不懂得尊重现代人的"权利"。这种不理解，导致双方的关系慢慢走向了对立。

如何破解这一难题？我们研究后发现，师生之间最缺乏的是沟通，师生之间缺少必要的交流和互动，缺少表达和被表达。"我喜欢你"这一主题课程，最直接的德育目标就是破解这一沉疴，打通师生之间相互理解的渠道。六年级的陆老师对这一活动的体会就很深刻。他说："原来一直以为，我是数学老师，又是班主任，更多的时候是对学生提出各种要求，有时甚至严厉地批评学生，学生哪里会喜欢我，不恨我就不错了。"但是，当轮到他们班主持升旗仪式时，被学生表达喜欢的老师竟然就是他，在感动之余，他感慨地说："本来已经躲到操场一边的我，当听到学生在全校两千多师生面前，讲述我曾经做过的一些小事时，抑制不住地想哭。没想到，我不经意的一句鼓励、一个眼神、一些陪伴、一点指引，居然在孩子们的心中激起了如此大的涟漪……谢谢孩子们！感谢你们让我感受到了做老师的幸福，让我更加懂得要注重和你们在一起的每一个细节，要用欣赏的眼光看待你们每一个人。"

这就是故事的力量，也是表达的力量。我相信，还固存的所有教育沉疴，都可以通过叙事教育课程的实施得以消解或软化。

叙事教育核心研究项目举例

叙事教育研究一般遵循从"问题分析"到"问题解决"再到"成果呈现"的基本思路。毋庸置疑，主题班会的叙事化改造是一个核心项目。下面就以叙事型班会的设计为例，谈一谈我是如何进行叙事教育研究的。

问题分析：我们的班会课怎么了

1

班会课 A——

今天上午，学校召开了班主任例会，主要强调了以下几件事情：一是安全，安全是压倒一切的大事，没有安全就没有一切，所以同学们一定要注意安全，在学校里不要打打闹闹，上学路上要注意交通安全，这一点，我们班部分同学做得不够好，张某某、孙某某在操场上追逐打闹，被政教处抓住了，还给班级扣了分……二是学习，教育质量是学校的生命线，也是学生的生命线，说得再好，考不出分数来都是徒劳，这一点，我们班部分同学做得不够好……三是课间操问题……十是……下课铃响了，班主任仍未传达完学校会议精神。

一些管理规范的学校，一般会在班会课之前召开班主任例会，总结一周来学校管理的情况，布置下一周的工作要点。一些认真负责的班主任，则会把学校的会议精神与班级实际情况结合起来，作为班会的内容。实事求是地讲，这样的班会课在一线实践中算是比较"优秀"的班会课，至少它实现了学校精神的上传下达，保证了学校管理的政令畅通。这样的班主任也算是比较"优秀"的班主任，至少他（她）能够结合班级实际情况进行总结，多多少少可以解决一些实际问题，比起那些只是简单传达学校文件内容的班主任来说，实在是进步了许多。

班会课 B——

同学们静一下，我讲几句话。期末考试快到了，为了考出一个好成绩，我强调一下近期的几项规定：一是到校时间，自本周起，全体同学必须在七点前到校晨读；二是课堂纪律，纪律是学习的保障，没有良好的班级纪律就不可能搞好学习，所以上课必须……好了，时间已经过去五分钟了，为了节省时间，我就不再多说了。下面，请同学们打开课本，迅速翻到……

这是最为常见的一节班会课。在课前几分钟，班主任简单强调一些应景的问题，然后班会课就变成了班主任所任学科的课堂。再稍微随便一点的班会课，则会直接省略掉前面的那几分钟"重要讲话"，直接变成学科课。甚至，在考试前的紧张时期，班会课会被其他任课教师借用，班主任连露面的机会都被省略。当然，还有一种情况，那就是所有老师都不需要增加课时，班主任也无话可讲，这时候班会课就会成为自习课。

班会课 C——

主持人朗诵："是谁给了我们生命，是谁养育我们长大……我们要学会感恩父母。"学生分别谈对父母的感恩。然后是游戏环节：游戏一，经典团队；游戏二，和谐之旅；游戏三……游戏五，美好明天。最后依次得出感恩父母、感恩团队、感恩伙伴、感恩苦难、感恩现在、感恩未来，等等。

这样的班会课通常是见不到的，一般只有在班会公开课、示范课或优质课评选中才能一睹其"风采"。近几年，班会课的教育价值开始被重视，一些地方开始有意识地推进班会课建设，于是课赛、研讨等活动频频举行。在这样的环境里呈现的班会课，往往设计华丽，热闹非凡，活动游戏一个接一个，小品相声一段接一段。但是，表面上的热闹一过，学生的内心里什么也留不下，这样的班会课更像是一场粗制滥造的 party。

以上，只是当前班会课的缩影，虽然不能呈现班会课建设的全貌，却能暴露诸多弊端：从内容上来说，远离学生思想和生活实际，缺少科学性和趣味性，学生很难接受和融入；从手段上来说，存在强制灌输、空洞说教、僵化生硬、雕琢痕迹明显等弊端，缺少人文性和互动性，学生无法获得真实的情感体验……很显然，我们的班会课出现了问题。

那么，我们不禁自问：班会课到底怎么了？

2

通过细致的梳理，我们发现，当前班会课存在的问题大致可以归为以下三个方面：

一是重"会议"轻"课堂"。班会课是学校教育中的一门课程，是班主任对学生进行思想品德教育的一种有效形式和重要阵地。班会课有很多种类型，但最典型的有两大类：一是以解决班级问题为主的事务性班会，侧重于以会议的形式开展；二是以促进学生道德生长和生命成长为核心的主题性班会，多以活动课的形式开展。但在具体的一线实践中，班会课往往被简化为会议，很少有人愿意把它开发成活动课。原因很简单，"开会"简单易行，随意性也强，人往讲台上一站，强调个一二三四，禁止个甲乙丙丁，基本就完成了任务。而要开发一节主题活动课则要麻烦得多，不仅要精心备课，还要将内容一分一秒地落实在课堂上，所费的精力抵得上一二十次会议。更何况，与开会比起来，课的效果还不容易显现。开会相当于手术治疗，虽然伤害大但是见效快；而课堂属于中药治病，是慢的艺术，往往一时半会儿见不到疗效。如此，重"会"轻"课"也就成为一种必然。

二是重"控制"轻"交流"。其实，重"会"轻"课"并不是问题的关键，班会课的最大问题在于重"控制"轻"交流"。只要能够使师生间的交流渠道畅通，多一些提问、答疑、辩论，给学生以充分表达意见、讨论问题的机会，实现言语沟通上的尊重与平等，即使把所有的班会课都当作会议来开展，班会课仍然能够完成应有的使命，仍然可以成为育人的主阵地。而事实上，无论是以会的形式呈现的班会课，还是以课的形式进行的班会课，都存在着"一言堂"的现象。如果是会议，则容易沦为批评会、批斗会；如果是课堂，则容易成为满堂灌、满堂问的填鸭式教学。整个过程中，学生处于被教育、被改造的地位，没有话语权，没有表达权。久而久之，班会课就成了学生的心理负担，学生一听到上班会课，要么心惊肉跳，要么麻木不仁。如此，班会课的教育意义也就无从谈起。

三是重"形式"轻"内容"。我经常参加班会课大赛的评选工作，所看到的班会课里没有单调的会议式设计，也没有班主任的极端控制性行为，但这种现象不但没能让我感到欣慰，反而让我陷入另一种更为深刻的担忧中——班会课成了才艺展示场。一节班会课下来，要么学生轮番上阵，吹拉弹唱无所不能，场面热烈火爆；要么各种信息技术手段依次展示，音频、视频闪烁，氛围宏大而震撼。这些班会课，程序设计严密，表现方式十分夺目，在形式上确实达到了一定的水准。但是，华丽的表面掩饰不了内容的浅薄，整节课很难找到触动内心的东西，更难发现有教育意义的内容。没有了内容，当然也就没有了实效，这种单纯追求形式的班会课，在一定意义上已经误导了当前的学校德育，让学校德育一步步陷入尴尬的境地。

对班会课来说，"重什么轻什么"决定了班会课的质地，也决定了道德教育的质量和走向。对于班会课的实践者班主任来说，解决了应该"重什么轻什么"的问题，也就找到了改变的方法和路径。从这个意义上来说，我们对班会课所表现出来的表层现象进行描述，然后进行深层次的症结剖析，恰恰就是走在了寻找正解的路上。

那么，接下来，我们需要做的就是扪心自问：学生需要什么样的班会课？

3

给一节好的班会课定义，一定是一件很麻烦的事情。因为"好"所囊括的要素实在太多了，很难把它们一一罗列出来。比如，好的班会课的目标一定是明确的，形式一定是多样的，成效一定是不留痕迹的，课堂氛围一定是轻松愉快的；再比如，好的班会课的精彩一定是生成的，情感一定是真诚的，过程一定是让人有所触动的……如此种种。但是，这样的"好"往往是站在教师的角度来分析的，是把班会课当作自己的作品进行的预设。简单一点说，就是我们自己认为的"好"。

那么，我们能不能换一个角度看问题，想一想学生需要什么样的班会课？为此，我专门进行过调查，通过大数据分析，总结出了学生心目中的班会课所具备的最重要的三个要素——

好的班会课，应该是有意思的。班会课作为对学生进行思想道德教育的重要阵地，追求教育意义是其不可消减的职责和担当。但是，一节班会课，如果过于追求教育性而忽略了趣味性，忽略了学生的兴趣和感受，就变成了高高在上的说教和空洞的灌输，其效果就会大打折扣。相反地，当学生觉得上班会课是一件好玩的事情时，就会兴致满满、情绪高涨，就会沉迷其中，然后有所思、有所悟。所以，比较理想的做法是，通过精心设计和打造，让班会课对学生保持足够的吸引力，以此来实现教育的可能性。也就是说，要在有意思的前提下，追求教育的意义和价值。比如，我们在揭示父母之爱的伟大时，不必板起脸来灌输父母的艰辛与付出，而完全可以通过下面这个有意思的心理游戏来完成。

老师给学生出题——

1. 他很爱她。她有着小小的瓜子脸、弯弯的眉毛，皮肤白皙，面容姣好，美丽动人。可是，有一天，她不幸遇到车祸，痊愈后，脸上留下几道丑陋的疤痕。你觉得，他会一如既往地爱她吗？A. 一定会 B. 一定不会 C. 可能会

2. 她很爱他。他是商业精英，儒雅沉稳，敢打敢拼。可是，忽然有一天，他破产了，负债累累。你觉得，她还会像以前一样爱他吗？A. 一定会 B. 一定不会 C. 可能会

当绝大多数学生都选择了C时，老师话锋一转，提示大家："这两道测试题我没解释清楚，第一题里的男人不是女人的情人或丈夫，而是她的爸爸；第二题里的女人不是男人的情人或妻子，而是他的妈妈。请大家重新选择！"学生们毫无例外地选择了A。

学生本以为班会是讲"早恋"，老师要离间"小情人"之间的关系，却猛然被拽到"感恩"这一主题上来，这种心理差异会让学生在会心一笑之后，迅速进入班会状态。

好的班会课，应该是有温度的。毫无疑问，班会课天生具有很强的教育性，这也是班会课容易异化为说教课和批判课的主要原因。但是，教育性的实现并不是非得靠板着脸的呵斥，也不是非得靠怒目圆睁的恫吓，它完全可以通过感情的浸润来完成。也就是说，一节班会课成功与否，感情因素很重要。感情有了，就可能感动；感动有了，就可能有行动和改变。所以，班主任在设计班会课的时候，一定要把人放在中央，要以满足人的需要而不是任务的需要去组织班会课，要让人从中感受到温暖，要让教育产生必要的温度，这是一节班会课能够走进学生内心的关键。比如，在讲父母之爱时，我们可以把孙宇的著名漫画作品《来一斤母爱》作为班会素材，这样能够引起学生的强烈共鸣，也就可以让学生的情感快速进入班会现场。

好的班会课，应该是有深度的。这里的深度不是指教育的意义有多么深刻，也不是指教育的场面有多么宏大，而是指在主题的选择上要尽量从小处着眼，对一个侧面或一个点进行深化，挖掘丰富的内涵。要让一节班会课有深度，可以采取两步走的方式：一是分解主题，对比较宏大的主题进行分析、解读，把大主题细化为一个个小的模块；二是对接生活，选择恰当的小主题，然后将生活中的实例纳入班会课。比如，通常学校安排的主题是"责任在我心"之类的比较宽泛的大主题，我们在实施时就可以把它分为个体责任、集体责任、家庭责任等小主题，从中再选定一个作为班会主题，进而再通过生活中的真实场景来组织班会。这种由宏大到具体，由宽泛到细致的班会设计，实现了主题的不断细化和具体化，也实现了班会课应有的深刻与严谨，有利于开展有深度的教育。

4

班会课，顾名思义兼具"会"与"课"的双重身份，通常可以分为两种类型：主题班会和常态班会。主题班会是符合学生群体成长共性的，有规划、有主题、有系统策略的思想品德教育活动，具有预设充分、主题鲜明、共性突出、体系完整等特点，是支撑学生品德教育的宏观"骨骼"，在实践形态上偏向于"课"。常态班会则是根据学生身上普遍存在的德育问题和他们近期的行为表现，紧扣班级近况开展的自主教育活动，具有问题解决、行为补偿、价值修正的即时性实践价值，属于丰富学生品德教育的微观"血肉"，在实践形态上偏向于"会"。

从德育功能上来讲，主题班会侧重于整体架构，指向的是"完整教育"，目标是为学生的人生整体规划一条和谐、向上、有意义的成长通道。常态班会侧重于细节雕琢，指向的是"完美教育"，目的是让学生的人生在不断纠正中达到完美。它们各自具有独特的教育功能和实践意义，若能互为补充、相互关照，便能实现道德教育的完整和完美。但是，在真实的教育实践中，班会课往往是作为会议存在的，在形式上更接近于基层的行政会议。

原因主要有两个，一是管理的不到位。无论是教育行政部门还是学校，都很少对班会课提出专门的实施要求，班会课不像具体学科的课那样有目标、有标准、有完整的课程体系，也不似学科教学管理那般有专门的研究、督导、考核机制，因而班会课始终处于"可有可无"的尴尬境地，班会课的开展与否、如何开展往往全凭班主任的个人自觉。二是选择的"容易化"。在我国，中小学班主任工作属于兼职工作，是一项烦琐艰巨的额外任务。本就承担着繁重教学任务的班主任，往往会因为工作压力、自身素质及专业能力等综合因素的限制，在班级管理中倾向于"容易化"选择，尽可能采用简单、易操作的方式开展班级活动。在班会课的实施上，大多数人的想法是"主题班会尽量避而远之，常态班会尽可能简单为之"，从而导致班会课上成了"会议传达课""领导训话课""工作安排课"。当然，这些"课"已经不再是课，而是典型的行政会议。

更严重的是，有些学校的班会课还会异化为"作业课""自习课""辅导课"，甚至沦为学科教师临时补课的"公共待用时间"。

有些学校把班会课作为一门校本课程，采取了一定的管理措施，督促班主任按时上班会课。所以，很多地方的班会课已经开始"有课上"，却仍存在着"课中无人"的现象。

"课中无人"的主要原因，可以从两个方面来分析。从教育内容上看，班会课设计存在碎片化、随意化的现象，多因班主任"某时某刻"的想法而孤立存在，缺少完整、系统、持续的整体规划，更没有形成科学严谨的德育体系。这种"偶尔想起""想当然"式的班级德育，没有把学生作为完整的人来看待，导致学校品德教育工作不能根据学生的身心特点、认知水平和德育规律系统开展，无法实现德育促进学生完整、完全、完美发展的目标。从教育手段上看，班会课普遍存在强制灌输、空洞说教、枯燥乏味等问题，问题呈现手段脱离学生思想和生活实际，缺少科学性和趣味性，学生很难接受和融入。这种"目中无人"的德育形式僵化生硬，雕琢痕迹明显，身在其中的学生无法获得真实的情感体验，更鲜有心灵的互动与触动，教育效果必然大打折扣。而这一点，也是促使我们下决心对班会课进行"叙事化"改造的一个最重要因素，我们希望通过故事的融入，让班会课有血、有肉、有情并具有意义。

我们所倡导的叙事班会，有着明确精致的德育目标、完整系统的道德教育体系，倡导教师主体的自我实践与建构。特别是在德育手段上，叙事班会不是停留在简单告诫的层面，而是通过对故事用心、用情的艺术化呈现，勾连学生的学习、生活实际，引发学生内心情感的强烈共鸣、共振，使强迫式德育转变为道德内化。这样"以事入心、以情入理"的班会，让学生在情境、事理、体验和感悟中得到洗礼、教化和浸染，让道德教育自然而然地走进了学生的心灵。

问题解决：叙事班会的理解与设计

我时时在思考这样一个问题：德育为什么会这样苍白无力？这或许是因为，我们没有找到德育目标、德育内容与德育对象（受教育者）内心之间的对接点，没有找到一种能够让三者完美契合的德育实施手段。在多年的叙事研究中，我发现故事是最容易走进学生内心的元素，德育叙事是德育目标、德育内容和德育对象的最佳结合点。因此，我们积极致力于用故事改造班会课的教育实践，逐渐形成了叙事班会的基本理论和设计策略。

1

叙事班会是围绕一个教育主题，有目的、有组织、有策略地呈现具有教育意义的故事或生活事件，调动学生对故事（事件）的积极体验、唤起情感上的共鸣，影响和促进学生品德发展的一种班会课形式。对于这个概念，我们可以做以下理解——

理解一：讲故事永远要比讲道理更能打动人。叙事班会与常规班会的最大不同就在于德育实施手段的不同，常规班会往往以讲道理为主，把空洞乏味的人生道理灌输给受教育者；叙事班会则是通过鲜活生动的故事把人生哲理、生活道德传递给学生，借助故事的浸润达到"大教无痕"的境界。实践证明：故事，能够让思想教育变得温润、细腻、生动，也可以使原本枯燥的课堂变得生机勃勃、诗意盎然。

理解二：故事是叙事班会的根基，而不是点缀。很多人在设计班会课时也会用到故事，比如在班会课开始前利用一个故事导入主题，在课堂中间利用一个故事来增加情趣，在班会课结束时利用一个故事来点睛提升，等等，这种把故事作为课堂设计调味品的班会课不是我们所讲的叙事班会。真正的叙事班会中，故事是课堂设计的主素材、主背景、主基调，自始至终主导教育实施的全过程。

理解三：故事（事件）的呈现方式不只是讲述。从语义上看，叙事就是讲故事，但这里的"讲"并不局限于讲述。确切地说，叙事就是采用合适的方式来呈现故事。故事的呈现方式有很多种，除了直接使用文字或语言讲述，情景剧表演、微电影、绘本、话剧、戏曲等都可以成为故事的呈现方式。无论使用何种手段，都应以帮助学生内化故事为主要目标，而非单纯追求形式的新颖或独特。

事实上，一节成功的叙事班会课，一定选取了恰当的故事，进行了恰当的加工，指向恰当的教育主题。选用什么样的故事，进行怎样的设计，是一个值得每一位班主任潜心研究的课题。经过多年实践，我重点研究开发了两大类型的叙事班会，分别摸索出了不同的设计方法。

2

在大多数情况下，一节叙事班会只需要一个故事就可以满足设计需求。故事不同，对故事的挖掘与开发也就不同，下面我介绍三种常用的单一故事型叙事班会的开发方法。

方法一，勾连生活实际。有些故事本身就具有明确的价值导向，其情节的逐层发展又符合学生的认知递进梯度，这样的故事就可以直接拿来作为整节班会的素材主线。只不过，叙事班会的目的并不是围绕故事本身进行声情并茂的讲述，而是要将故事的德育内涵与学生的生活实际进行恰当的联系，让学生在与他人经验的比较中修正自己的错误价值取向，强化正确的道德行为。简单地说，就是要让故事不断与生活实际相勾连，让学生在体验中思考，在思考中感悟，在感悟中重构。比如，绘本《两只蛋的爱情》讲述了两只蛋从懵懂相爱到最后理性分手的整个过程，并提出了"你看，感情破裂不一定非有什么理由，可能只是因为——岁月在变迁，彼此在成长……"的观点，无疑是早恋主题班会的一个绝好故事素材。按照故事情节的发展，我们可以把故事分成三部分进行讲述，并在每一部分设计勾连生活实际的问题，开发叙事班会"故事告诉你，爱情是什么"，让学生在共鸣、共情中明白爱情的真谛，懂得爱情之花在合适的时间绽放才能美好而芬芳的道理。

　　方法二，道德两难讨论。有些故事或事件本身不带有明晰的价值导向，角度不同获得的价值判断也不同，会让人陷入"鱼和熊掌不能兼得"的选择困境，这样的故事我们称之为"道德两难故事"，它们也是我们开发叙事班会的重要素材。在实践中，我们以道德两难故事为基本材料，让学生讨论故事（事件）中的道德问题并回答相关问题，以此来诱发学生的认知冲突，发展其积极的道德思维能力，从而提高其道德判断能力和道德践行能力。经典的"两难故事"有很多，比如科尔伯格设计的系列两难故事，我们可以根据需要选择使用。但是，班主任更应该学会从班级生活中发现"两难事件"，然后以故事的形式设计到班会中。十多年前，班里发生了一起"盗窃案"，一个同学丢失了一支比较名贵的钢笔，是他叔叔送的生日礼物，价值百元以上。很久以后，班长在自己好朋友的家中无意中发现了那支钢笔。追问之下，好朋友承认自己偷了钢笔，但是因为特别喜欢，不想还给那个同学，并恳求班长替自己保守秘密。朋友情谊、班长职责和检举偷盗者的责任，三者之间纠缠不清，让班长很是纠结，他便匿去朋友的名字讲了自己的苦恼，问我应该怎么办？我把这个事件演绎成一个童话故事，以此为素材设计了一节班会，成功消解了班长的困惑，还顺利解决了班级盗窃事件。

　　方法三，多维故事续说。对于一些具有开放性结局的故事，我们可以通过"多维度续说"的方式拓展故事的德育价值。在对学生进行安全教育时，我曾经设计过"遇到坏人，如何保护自己？"的班会课。在这节课中，我借用了《狼和小羊》的故事，让学生在"说着，狼就往小羊身

上扑去……"之后进行故事叙说。学生的参与积极性很高，纷纷讲述了
自己理解的故事结局。

学生们一起归纳出了诸如"想办法转移坏人的注意力""适当示弱博
得信任"等十几种逃避伤害的办法，班会的课堂气氛异常活跃，学生融
入度十分高。

3

有的德育主题的实现通过一个故事很难完成，需要对多个故事进行
系统关联才可以实现教育价值的丰厚与教育意义的丰满。这种有多个故
事共同参与的班会，其设计方法和思路与单一故事型叙事班会迥异，但
也有基本的路径可循。

1. 递进式关联。在设计叙事班会时，我们通常会采用一个故事揭示
德育主题、一个故事解读德育主题、一个故事深化德育主题等方式，使
故事间层层递进相互关联，进而形成一条完整的德育故事链，共同完成
某种教育。甚至，在每一个教育链接点上，可以同时使用多个小故事，
以共同阐释必要的教育内容。比如，在对学生进行人生规划教育时，李
丽老师曾经设计过一节叙事班会"昨天、今天、明天"，整节课以四个情
景剧，叙述了 A、B、C 三个同学在四个不同场景中的生活状态，呈现了
十二个小的故事情节。通过对这十二个情节进行配对组合，展现人生的
多种可能性，继而引发学生思考"为什么会有这样的不同人生"、主动规
划如何成为那个未来的、理想的自己，这样的组合叙事，以关联递进的
方式展示了人生的多种可能性，给学生一种耳目一新、身临其境的感受，
对学生的心灵触动极大，产生了极强的教育效果。

2. 平行式聚焦。有的教育主题，可以从多个角度进行诠释或多个维
度进行推证，对于此类主题，就可以运用多个故事，从不同的视角、不
同的方向进行聚焦式解读。这种设计方式与"递进式关联"不同的是，

课堂中使用的故事彼此之间不具备递进关系，而是平行并列朝向一个共同的问题点，联合说明一个教育主旨或德育问题。比如，母爱本是一个无法丈量、无法定义的概念，想说明母爱的课堂容易流于空泛的抒情，我在设计关于母爱的班会课时，为了从不同方向展示母爱的真、善、无私与伟大，精心挑选了《母爱的对峙》《母亲练习喝咖啡》《卑微母亲的眼泪》《不认识母亲》四篇故事，用不同的方式呈现给学生，收到了意想不到的效果。

实践至今，我已在叙事班会的研究道路上走了多年，叙事班会研究团队也已成立并展示出勃勃生机。我相信，这份源于对现有班会现状不满而来的研究激情，可以支撑叙事班会研究团队在学校班会整体规划与叙事班会个案的独特开发上，走得越来越远。

成果呈现：一节叙事班会课实录

［课例］拒绝也要有办法

一、影视故事，揭示问题

师：同学们，你们看过《家有儿女》吗？里面有这样一集：刘星家搬来了一户新邻居，这家人特别有意思。让我们一起来看看到底发生了什么事。（播放《家有儿女》片段）

生：新邻居一家人都到刘星家去借东西。

生：哈哈，都把刘星家的东西借光了。

师：新邻居真是毫不客气呀！你觉得刘星一家心里会是什么感受？

生：刘星一家会觉得无比麻烦。

生：肯定会很烦恼，却又没有什么办法。

师：的确给人这种感觉。你想对刘星一家说些什么呢？

生：我觉得刘星一家不应该有求必应。

生：我觉得刘星一家是因为不好意思才不拒绝邻居。

生：他们是怕邻居生气才不好意思拒绝的，拒绝别人好难哦！

师（小结）：通过交流，我们有了一个共同的认识：刘星一家碍于面子，无法对邻居说"不"，给他们的生活徒增了不必要的烦恼。看来，拒绝真不是一件容易的事。这节课就让我们一起来聊一聊——"不"要怎么说出口。（板书课题）

二、生活故事，感受问题

师：生活中，当我们身边的人向我们提出一些我们不愿做或做不到的要求，而我们又不好意思或不知该如何拒绝时，心里会非常不舒服。你有没有遇到不好意思拒绝或不知怎么拒绝的事情呢？心里有什么感受？我们来交流一下。

（生分享生活故事，之后老师让两名学生进行展示，引导学生学会讲述故事。）

师：相信其他同学也有类似的困惑，请把它们写出来，放进老师的这个"烦恼袋"里。（提醒学生在写故事时，直接讲述事情，不体现真实姓名，如果需要提到名字可以用化名；提醒学生写完后把"烦恼"放进老师的袋子里，由老师暂时代为保管。）

老师巡视，收集写好的"烦恼"。

三、情境故事，探求方法

师：看来，如何巧妙地拒绝别人又不伤害感情，对同学们来说还是有难度的。没关系，相信通过这节课的学习，我们会找到方法来消除这个烦恼。

（一）情境再现

师：有位叫小涛的同学，他在拒绝同学小亮的时候，也遇到了这样的烦恼。我们一起来看一看。（利用视频再现情境：课间，小涛和小亮发生了矛盾。)

（二）感悟方法

师：视频看完了，大家觉得，小亮为什么生气了？

生1：我觉得小涛拒绝得过于直接，不好让人接受。

生2：我觉得小涛说话的态度和语气过于生硬，让人不舒服。

师：其他同学有没有这种感觉？你们觉得用怎样的语气会更好？

生3：温和一点，温柔一点……

师：大家都认为拒绝别人的时候，语气温和一些会让人更舒服。

生4：老师，我认为小涛还有一个地方做得不好，那就是没有认真听小亮说话。他应该认真听小亮说话才对。

师：是的，在拒绝别人时要认真倾听对方的诉说，并做出相应的回答，这样能避免让对方产生受伤害的感觉。

生5：小涛在拒绝的时候都没抬头，我觉得他态度不够好，很没有礼貌。

师：难怪小亮生气！其实，我们拒绝有求于我们的人时，需要持有一份真诚——态度真诚，做到了态度真诚，对方才会有被尊重的感觉。（板书：态度真诚）

师：小涛态度真诚了，小亮就不会生气了吗？谁还有其他看法？

生6：我觉得小涛没有向同学解释清楚他拒绝的原因。

师：解释原因是很有必要的。

生7：在拒绝别人的时候如果不说清拒绝的理由，别人会以为你对他有成见，觉得你对他不友好，自然就会生气了。

师：哦，这是不是也是小亮同学生气的原因？

师：谁来帮小涛跟他的同学说明一下理由？

生8：今天是我爷爷的生日，晚上我要给爷爷祝寿，所以，我要提前写完作业。不好意思了，我现在不能陪你。

师：听到小涛这么说，你们觉得小亮同学还会生气吗？

生9：不会了。因为小涛已向小亮解释清楚他不能帮他的原因了。小亮会理解的。

师：哦，看来拒绝时，解释清楚、说明理由，就容易得到对方的理解。好！请你把"说明理由"写在黑板上。（生板书：说明理由）

师：除了态度真诚、说明理由，谁还有其他建议？

生10：我觉得，小涛正在写作业不方便陪小亮，可以建议小亮去找别的同学陪同。

生11：我也这么认为。拒绝之后，如果可能，找一种替代的方法去帮助他，他就不会生气了。

师：找一种替代的方法，你的意思是给对方提出合理的建议是吗？请你到前面，写下你的好方法。（板书：合理建议）

师：是的，拒绝别人的时候如果能提出合理的建议，会让对方感受到你的真诚，这样对方就更能心平气和地接受你的拒绝了。

师：视频中的问题，我们暂时就讨论到这儿。看来在拒绝别人的时候，不是说一个简单的"不"字就可以了。我们还要善于说"不"，掌握一定的方法与技巧。同学们能不能用上这些方法与技巧，重新演绎视频中的情景，帮助小涛解决烦恼呢？

（三）角色扮演

师：请大家推荐两名同学，来演一演。

生：我来当小涛，我来当小亮。（生上台）

师：咱们一起当好观众和评委。

师：我来采访采访小亮同学。现在，你接受小涛的拒绝吗？

生：接受。因为他拒绝我的时候态度很真诚，说清楚了理由，还建议我去找别的同学帮忙，我能感觉到他不是不想帮我，而是因为他有事要做。

师：现在你心里是什么感受？还有气吗？

生：当然不会有了。我心里很舒服呀。

师：听你这么一说，我知道你已欣然接受了小涛的拒绝。其实，被别人拒绝是一件很正常的事情。

师：我再来问问小涛，请问，你拒绝了同学，心里还有烦恼吗？

生：没有了。

师：为什么心里没有烦恼了？

生：因为我的拒绝是真诚的、合理的，也得到了小亮的理解。

师：瞧，当我们学会巧妙地说"不"时，一切都将变得轻松自如。

师：同学们，请从你们的角度，来谈一谈他们再现的这个情景。

生：小涛在拒绝小亮的时候态度真诚，说明了理由，还提出了合理的建议，让小亮欣然接受了他的拒绝。

生：小亮心平气和地接受了小涛的拒绝。

师：看来，同样是拒绝，表达的方式不同，给人的感觉就会不一样。因此，我们不仅要懂得拒绝，还要掌握拒绝的艺术。

四、经典故事，寻找技巧

师：其实，拒绝别人的方法和技巧还有很多，今天老师就给大家带来了一个小故事，看看从中你们又能发现什么。

师：罗斯福在当美国总统前，曾在海军担任要职。一天，一位好友向他打听关于潜艇基地的秘密。这可是军事机密，假如你是罗斯福，你会怎么做？

生1：我会拒绝。

生2：我也会拒绝。

师：大家都想到了拒绝。是的，像这样原则性的大是大非的问题，我们必须要坚决地拒绝。（板书：坚持原则）

师：你们想知道罗斯福是怎么拒绝的吗？（播放课件——罗斯福问：

"你能保守秘密吗?"对方答:"当然能。"罗斯福微笑着说:"那么,我也能。")

师:你们怎么笑了?

生:罗斯福太机智了。

生:罗斯福很幽默。

师(小结):让人多么轻松、愉快的拒绝呀!罗斯福用他的幽默,巧妙地进行了拒绝——既坚持了原则,又维护了友谊。我们又发现了一个好方法。谁来说说?

生:机智、幽默……

师:大家都能看出来,罗斯福用他的幽默化解了这场尴尬。请你把关键词——幽默化解,写在黑板上吧。(生板书:幽默化解)

师:看来,拒绝的方法和技巧确实还有很多(板书:……),等待同学们在生活中慢慢去实践。

五、解决烦恼,实践"拒绝"

师:还记得老师替你们保管的"烦恼"吗?现在你们能不能用上我们找到的方法,来消除这些烦恼呢?下面,请四位组长分别抽取一位同学的"烦恼",我们一起来帮他们消除。在消除前请先看温馨提示。(展示课件:1. 各组根据抽到的问题,以小组为单位设计出解决方案;2. 各组根据方案选出代表进行情景表演。)

烦恼一:有一次我跟爸爸去动物园玩,那时我的个头儿已经超出半票优惠规定的高度,可爸爸让我猫着腰混进去了。今后再遇到这种情况,我该如何拒绝爸爸呢?

烦恼二:我答应小磊周六下午去他家一起看书,可另一位同学小华打电话说他买了新玩具,让我周六下午去他家玩。我该如何拒绝小华,才能不扫他的兴呢?

烦恼三:我的好朋友有时不完成作业,早上来到班里就想抄我的作业。我知道抄作业对她不好，可是我又不知如何拒绝她。

烦恼四：我有一本新书，我非常喜欢它。我的好朋友向我借这本书，但是她没有阅读的好习惯，老是把别人借给她的书弄脏了，要不就是损坏了。我非常不情愿借给她，但她又是我最好的朋友。我该怎么办呢？

（学生在小组内表演，教师巡视指导。）

师：我刚才也参与了同学们的讨论，发现有的小组设计的方案特别好，咱们一起来交流交流。下面请小组长汇报，汇报时先读出你们组抽到的问题，然后说解决方案。

（一）

生：我们组设计的拒绝方案就是跟爸爸说明理由，委婉地拒绝爸爸的要求。

师：可以演一演吗？（生演）

师：谁来评评他们的解决方案？

生：我觉得他们在拒绝爸爸的时候，理由非常充分，很有说服力。

生：我觉得他们的拒绝不仅理由充分，而且语言很风趣，让爸爸欣然接受。

师：同学们不仅会听，更会评价。生活中，我们难免会遇到这种情况。如果是你，你会怎么说呢？

生：爸爸，你不是一直盼着我长高吗？现在，我的身高都超过半票优惠规定的高度了，你不高兴吗？

师：我看到了又一位罗斯福。

生：爸爸，我是一名少先队员，不该这么做。

师：对呀，拒绝，应该体现出个人的品德和修养。看来，对于这种违背原则的请求，我们要坚决地拒绝。

（二）

生：我们组设计的方案是，向小华说清楚周六下午"我"已经答应小磊去他家了，不能失信。

师：你们觉得小华会接受这份拒绝吗？

生：接受。因为周六下午"我"已经答应小磊去他家一起看书了，做人应该讲诚信。

师：是的，诚信是一种美德。针对这个问题，谁还有不同的解决办法？

生：老师，我觉得这个问题不拒绝也行。"我"可以建议小华和自己一起去小磊家，先一起看书，再一起玩飞机，这样不是更好吗？

师：同学们，你们认为这位同学的建议如何？（非常好）你找了一个两全其美的好方法。是的，生活中，过分地顺从和一味地拒绝都会让我们的人际关系变得很尴尬，而适度的拒绝和适度的接受，会让我们的人际关系更为和谐。

（三）

师：抄袭作业这种事情，要不要帮忙？（不要）你们组的方案是……

组长：我们组认为应该给抄作业的同学讲清楚抄作业的危害，让她知道抄作业对她的学习没有任何帮助。

师：能演一演吗？（表演）

师：我来采访采访这位同学，你为什么要抄作业？

生：因为我有不会的题，空着不做怕挨老师批评。

师：看来你内心想得到老师的肯定。现在，她拒绝了你，不让你抄作业，你心里是什么感受？

生：她让我认识到抄作业是一种不好的行为。虽然她没给我抄作业，但是我能感觉到她是为我好，而且她还说以后要帮我，所以我心里很感动。

师：（面向全体）她并没有因为被拒绝而产生烦恼。

师：我再来问问这位同学。同学之间互相帮助是应该的，你为什么不给她抄作业呢？

生：老师，抄作业这种事可不能帮呀！因为抄作业对她的学习没有任何帮助，而且还会让她的学习越来越差。她不会的题我可以给她讲，这样既帮助了她，我也能更好地巩固知识。

师：是呀，互相帮助是一种美德，但是我们要先看对方的要求是否合理。

师：听她这么一说，你又有什么感受？

生：我为有这种朋友而感到骄傲。

师：对。有些拒绝其实就是帮助！拒绝得好，既能帮助别人又能快乐自己。

（四）

生：我们设计的方案是委婉的，是真诚地拒绝好朋友的请求。

师：如果是你，你会把这本新书借给同学吗？

生：我不会借，因为这本是我最喜欢的。

生：我会借，不过要先跟她说清要求再借。

生：我会借，但在借之前我会告诉她这本书是我最喜欢的，如果她损坏了它，就相当于伤害了我这个朋友。

师：你也很幽默。同学们，学会拒绝不是说要事事拒绝。遇到应该拒绝的情况时，运用恰当的方法与技巧，可以把因拒绝而可能引起的种种不快尽可能地降到最低限度。

师：看！在借与不借的思考中，我们又一次得到了成长。

六、交流感受，体验快乐

师：刚才，咱们一起用学到的方法与技巧，帮四位同学消除了烦恼。那么，你的烦恼消除了吗？（多问几个同学）如果没有消除，课下可以向其他同学寻求帮助。

师：交流到这里，你们都有什么收获？

生：上完这节课，我知道了以后做事的原则，那就是尽量少给别人添麻烦，不给别人带去烦恼。

师：他又给我们提出了看问题的新角度。

师：看来，大家都学会了拒绝。那么，就让我们在生活中做一个快乐的人吧！

（课件展示："烦恼袋"里的"烦恼"变成蝴蝶，纷纷从"烦恼袋"里飞出来，飞向鲜花烂漫的春天。）

（本文根据杨雪梅老师执教的班会课"拒绝也要有办法"整理。）

故事的开发设计艺术

在设计叙事班会时，故事无疑是最重要的素材。同一个故事，因为设计的视角不同，取舍的方向不一，可以呈现为多个教育主题。2017年10月，我组织了一次区域优质课评选活动，杨茹老师利用一个绘本故事设计了一节主题活动课。在我的建议下，她把这个故事设计成了三个教育主题，形成了三节课例。

故事素材

《小猫头鹰》

（文/〔爱尔兰〕马丁·韦德尔　图/〔英〕派克·宾森　译/林良）

（正文第1页）从前有三只小猫头鹰：秀秀、皮皮和比比。他们跟猫头鹰妈妈住在树洞里。洞里铺着树枝、树叶和羽毛。这是他们的家。

（正文第2页）一天晚上，他们醒过来，妈妈不见了。秀秀说："妈妈到哪儿去啦？"皮皮说："我们怎么办？"比比说："我要找妈妈！"

（正文第3页）小猫头鹰想了想（猫头鹰都很会想），秀秀说："我想妈妈是去捉小动物。"皮皮说："她去找东西给我们吃！"比比说："我要找妈妈！"

（正文第 4 页）妈妈一直没回来。小猫头鹰就走出树洞，站在树枝上等。

（正文第 5 页）秀秀站在粗树枝上。皮皮站在细树枝上。比比站在老藤子上。秀秀说："她一定会回来。"皮皮说："很快就会回来！"比比说："我要找妈妈。"

（正文第 6 页）树林里好黑，四周的东西动来动去，他们要很勇敢才行。秀秀说："妈妈会给我们老鼠和好吃的东西。"皮皮说："她一定会！"比比说："我要找妈妈！"

（正文第 7 页）他们坐下来想（猫头鹰都很会想），秀秀说："我想，大家最好都站到我的树枝上来。"他们三个，就这样挨在一起。

（正文第 8 页）秀秀说："妈妈一定是迷路了。"皮皮说："说不定被狐狸捉住了。"比比说："我要找妈妈！"小猫头鹰都闭上眼睛，祈求妈妈一定要回家。

（正文第 9 页）妈妈回来了。

（正文第 10 页）妈妈轻轻地、不出声地穿过一棵棵大树，向秀秀、皮皮和比比飞过去。

（正文第 11 页）"妈妈！"小猫头鹰都叫了起来。他们拍着翅膀，摇摆着身子，在树枝上一起一落地跳着。

（正文第 12 页）猫头鹰妈妈说："干吗这样心慌？你们应该知道我会回来。"小猫头鹰想了想（猫头鹰都很会想），秀秀说："我早就知道。"皮皮说："我也早就知道。"比比说："我好爱妈妈！"

（封底）猫头鹰都很会想，就连秀秀、皮皮和比比这么小的猫头鹰也一样。尤其在树林里等着妈妈回家的晚上，他们想得更多。

"有你真好"活动设计之一（人际交往篇）

【活动目标】

1. 借助绘本，引发感想，让孩子感悟亲情，体会母爱。

2. 由长辈关爱到兄弟姐妹之间相处，借助主题的转换，让孩子体会陪伴中的情谊。

【活动对象】小学三年级学生。

【活动准备】制作 PPT、表格等。

【活动过程】

一、导入新课

谈话导入，引出课题——有你真好，板书课题。

二、出示画面，引发好奇，借助绘本，感受家的幸福

（课件出示：树洞。）从一张图画，开始今天的故事，引起学生的好奇。

（课件出示：封面。）猜测图中小猫头鹰间的关系。

（课件出示：正文第 1 页。）出示小猫头鹰一家，请学生谈感受。

（课件出示："家庭号列车"。）学生联系自身生活实际，通过"家庭号列车"活动讲述自己与家有关的温馨小故事。

三、出现转折，妈妈不在，彼此陪伴，展开想象

（课件出示：正文第 2 页。）出示猫头鹰妈妈离开后的场景，让学生猜想发生了什么事情。

（课件出示：正文第 3 页。）

师：一天晚上，他们醒过来，妈妈不见了……小猫头鹰都很会想，他们可能会想些什么？你觉得妈妈可能去了哪里？

师：此时有着这么多疑问的小猫头鹰，会是怎样的心情？

师：你觉得这些小猫头鹰应该怎么办呢？

（课件出示：正文第4—8页。）

师：那我们就一起来看看，小猫头鹰是怎么做的吧！小猫头鹰必须要坚强才行。"妈妈一直没回来。小猫头鹰就走出树洞，站在树枝上等。""秀秀站在粗树枝上。皮皮站在细树枝上。比比站在老藤子上。""树林里好黑，四周的东西动来动去，他们要很勇敢才行。""他们三个，就这样挨在一起。"

（课件出示：去掉文字后的正文第8页。）

师：你看到三只怎样的小猫头鹰？

（课件出示：正文第8页。）

师：他们是睡着了吗？原来它们是因为等待了太久，无助地闭上了眼睛，祈求妈妈一定要回家。

四、出示视频，妈妈归来，体会母爱

（课件出示：去掉文字后的正文第9页。）

师：同学们，妈妈不见了，小猫头鹰在着急和担心中等待着；那么，独自在外的妈妈又是怎样的心情呢？

（课件出示：视频"妈妈归来画面"。随后出示正文第10页。）

师：猫头鹰妈妈为什么要轻轻地、不出声地穿过一棵棵大树？

师：猫头鹰妈妈的爱就藏在这些小小的举动中。那你们的妈妈对你们的爱又藏在哪些举动中呢？

（课件出示：去掉文字后的正文第11页。）

师：如此爱你们的妈妈，如果此时出现在你们面前，你们会对她说什么？

（课件出示：正文第11页。随后出示正文第12页。）

五、出示视频，拓展延伸探讨兄弟姐妹之间的相处之道

师：同学们，其实在家中，不仅有像妈妈一样疼爱呵护我们的长辈，

还有陪伴我们一起成长的兄弟姐妹。（出示《家有儿女》中三姐弟争吵的小视频。）

师：这样的场景，在你的生活中是不是也偶有发生呢？让我们再一起看看猫头鹰妈妈不见了以后，是谁守护在小猫头鹰的身边，陪伴他们度过漫长的等待，安抚他们的心情的。

（课件出示：视频"妈妈不见，三小只互相陪伴"。）

下发材料——五次对话（见附件），让学生进行角色归属。（课件出示：五次对话。）

（课件出示：正文第7页。）

师：你的家中有没有像他们这样的兄弟姐妹呢？当像妈妈一样的长辈不在家的时候，是他们陪伴在你的身边。你们是如何陪伴彼此的呢？

六、课堂小结

（课件出示：封底。）

师：小猫头鹰想妈妈……同学们，四十分钟的陪伴马上就要结束了，当你们回想这段时光的时候，一定也会想到很多。其实在我们的成长过程中，不仅仅有像妈妈一样的长辈给予我们关爱与呵护，和我们一起成长的兄弟姐妹之间也是彼此陪伴，互相关心，共同进步的！你们相处的每一个温暖瞬间，都会让彼此觉得"有你真好"。回家后请记得对那些重要的人说出你的心声！

"有你真好"活动设计之二（情绪调节篇）

【活动目标】

1. 借助绘本，引出话题，引导学生易地而处，转换心情。

2. 由与长辈相处到兄弟姐妹之间陪伴，借助主题的转换引导学生从多面思考，收获不一样的心情。

【活动对象】小学四年级学生。

【活动准备】制作 PPT、表格等。

【活动过程】：

一、导入新课

谈话导入，引出课题——有你真好，板书课题。

二、引发好奇，借助绘本，让学生感受家的幸福。

（课件出示：树洞。）从一张图画，开始今天的故事，引起学生的好奇。

（课件出示：封面。）猜测图中小猫头鹰间的关系。

（课件出示：正文第 1 页。）出示小猫头鹰一家，请学生谈感受。

（课件出示："家庭号列车"。）学生联系自身生活实际，通过"家庭号列车"活动讲述自己与家有关的温馨小故事。

三、出现转折，妈妈不在，学生联系自身，诉说心情

师：同学们，我们一起分享了这么多各自家里的小故事，你们此时的心情是怎样的？

（课件出示：正文第 2 页。）出示猫头鹰妈妈离开后的场景，让学生猜想发生了什么事情。

（课件出示：正文第 3 页。）

师：一天晚上，他们醒过来，妈妈不见了……小猫头鹰都很会想，他们可能会想些什么？

师：此时有着这么多疑问的小猫头鹰，会是怎样的心情？

师：你在生活中是不是也有需要妈妈陪伴，而她却不在你身边的时候？你当时的心情是怎样的呢？

师：那你觉得这些小猫头鹰应该怎么办呢？

（课件出示：正文第 4—8 页。）

师：那我们就一起来看看，小猫头鹰是怎么做的。小猫头鹰必须要坚强

才行。"妈妈一直没回来。小猫头鹰就走出树洞，站在树枝上等。""秀秀站在粗树枝上。皮皮站在细树枝上。比比站在老藤子上。""树林里好黑，四周的东西动来动去，他们要很勇敢才行。""他们三个，就这样挨在一起。"

（课件出示：去掉文字后的正文第 8 页。）

师：你看到三只怎样的小猫头鹰？

（课件出示：正文第 8 页。）

师：他们是睡着了吗？原来它们是因为等待了太久，无助地闭上了眼睛，祈求妈妈一定要回家。

四、出示视频，妈妈归来，失而复得，诉说欣喜

（课件出示：去掉文字后的正文第 9 页。）

师：同学们，妈妈不见了，小猫头鹰在着急和担心中等待着；那么，独自在外的妈妈又是怎样的心情呢？

（课件出示：视频"妈妈归来画面"。随后出示正文第 10 页。）

师：猫头鹰妈妈为什么要轻轻地、不出声地穿过一棵棵大树？

师：猫头鹰妈妈的爱就藏在这些小小的举动中。那你的妈妈对你的爱又藏在哪些举动中呢？

师：妈妈的爱不仅仅体现在这些小小的举动中，从你出生起，她的爱就悄无声息地融进了你所有的生活，从清晨到日落，从春夏到秋冬。

（课件出示：去掉文字后的正文第 11 页。）

师：此时你又是怎样的心情呢？

师：你们理解妈妈了。同一件事情，我们换个角度去思考，就会有不一样的心情。如此爱你们的妈妈，如果此时出现在你们面前，你们会对她说什么？

（课件出示：正文第 11 页。随后出示正文第 12 页。）

五、出示视频，拓展延伸，探讨兄弟姐妹之间的相处之道

师：同学们，其实在家中，影响我们心情的不仅有像妈妈一样疼爱

呵护我们的长辈，还有陪伴我们一起成长的兄弟姐妹。（出示《家有儿女》中三姐弟争吵的小视频。）

师：你们说短片中的三姐弟当时分别是怎样的心情？

师：相信这样的场景，在你的生活中也偶有发生。当时你又是什么心情呢？

师：让我们再一起看看猫头鹰妈妈不见了以后，是谁守护在小猫头鹰的身边陪伴他们度过漫长的等待，安抚他们的心情的。

（课件出示：视频"妈妈不见，三小只互相陪伴"。）

下发材料——五次对话（见附件），让学生进行角色归属。（课件出示：五次对话。）

（课件出示：正文第7页。）

师：你的家中有没有像他们这样的兄弟姐妹呢？当像妈妈一样的长辈不在家的时候，是他们陪伴在你的身边。你们又是如何陪伴彼此的呢？

师：此时你又是怎样的心情呢？

六、总结

（课件出示：封底。）

师：小猫头鹰想妈妈……同学们，四十分钟的陪伴马上就要结束了，当你们回想这段时光的时候，一定也会想到很多。其实我们在成长过程中，无论是与像妈妈一样的长辈相处，还是和与我们一起成长的兄弟姐妹共处，都是有技巧的。同一件事，我们换个角度去考量就会有不一样的心情。请让彼此觉得"有你真好！"

"有你真好"活动设计之三（自我发展篇）

【活动目标】

1. 通过绘本，认识自我；借助生活，重识自我。

2. 在生活实践中成长，并在成长中感悟。

【活动对象】小学五年级学生。

【活动准备】制作 PPT、表格、信等。

一、导入新课

谈话导入，引出课题——有你真好，板书课题。

二、出示画面，引发好奇，借助绘本，让学生感受家的幸福

（课件出示：树洞。）从一张图画，开始今天的故事，引起学生的好奇。

（课件出示：封面。）猜测图中小猫头鹰间的关系。

（课件出示：正文第 1 页。）出示小猫头鹰一家，请学生谈感受。

（课件出示："家庭号列车"。）学生联系自身生活实际，通过"家庭号列车"活动讲述自己与家有关的温馨小故事。

三、出现转折，进行角色归属

（课件出示：正文第 2 页。）出示猫头鹰妈妈离开后的场景，让学生猜想发生了什么事情。

（课件出示：正文第 3 页。）

师：一天晚上，他们醒过来，妈妈不见了……小猫头鹰都很会想，他们可能会想些什么？

师：此时有着这么多疑问的小猫头鹰，会是怎样的心情？你觉得这些小猫头鹰应该怎么办呢？

（课件出示：正文第 4—8 页。）

师：那我们就一起来看看，小猫头鹰是怎么做的吧！小猫头鹰必须要坚强才行。"妈妈一直没回来。小猫头鹰就走出树洞，站在树枝上等。""秀秀站在粗树枝上。皮皮站在细树枝上。比比站在老藤子上。""树林里好黑，四周的东西动来动去，他们要很勇敢才行。""他们三个，就这样挨在一起。"

（课件出示：去掉文字后的正文第8页。）

师：你看到三只怎样的小猫头鹰？

（课件出示：正文第8页。）

师：他们是睡着了吗？原来它们是因为等待了太久，无助地闭上了眼睛，祈求妈妈一定要回家。

下发材料——五次对话（见附件），让学生进行角色归属。（课件出示：五次对话。）

四、回归实际生活，实现自我成长

师：你在生活中是不是也有需要妈妈陪伴，而她却不在你身边的时候？妈妈不在身边的时候，小猫头鹰是这样做的。你是怎样做的呢？先和你的同伴交流一下。（生小组间交流，师巡视。）

师：谁来说一说你是怎样做的？

师：同学们，我们学过一篇课文《植物妈妈有办法》，里面有这样一句话：孩子如果已经长大，记得离开妈妈，四海为家。你看，离开了妈妈的视线，便获得了成长的机会。请再来看你手中的表格，这时，你会如何选择呢？（生重新审视表格中的对话，再次做出选择，重新认识自己。）

（课件出示：学生照片。）

师：这是你们离开家集体去实践基地期间，班主任老师拍的照片。我们一起来看一看。（师生一起观看，师注意观察学生的表现。）

师：看完这些照片，你们想说点什么吗？

五、出示妈妈的信，升华主题

师：听你们讲了这么多，有人想对你们说点什么。现在请你们到桌洞里找找惊喜。（生拿出桌洞中妈妈的信。）

师：是不是很意外，有点迫不及待了吧，那就快点读一读吧。（学生不约而同地选择了默读。）

师：看来这是妈妈写给你们的悄悄话，你们都不约而同地选择了默读，能不能选择其中几句最让你感动的话，和我们分享一下呢？

六、小结

师：谢谢以上同学的真诚分享。来而不往非礼也，虽然我没有你们这样的经历，但是离家的经历，妈妈不在身边的时候，我也有过。这是我离家上学期间，我和妈妈互发的短信。（课件出示：短信内容。）

师：无论我们长多大，妈妈都会牵挂我们，但是为了我们能更好地成长，她们只能选择放手，而我们也只能选择远方。可是不管怎样，我们都会依然觉得"有你真好"，想要留在彼此身边！回家后，请告诉那些你生命中重要的他（她）——"有你真好"！

（以上三个课例设计者为杨茹，现任教于临沂义堂小学。）

在叙事研究中走向专业成长 第四章

"叙事研究"又称"故事研究",就是教师针对自己在教育实践中的故事(事件)进行的行动研究。教师在开展叙事研究时,只需要对日常生活中的故事或事件进行教育性反思,形成对教育的理解和思考;或者把日常的教育经验编制成有价值、有意义的教育故事,使琐碎的常规教育充满引人入胜的故事韵味。在这个过程中,教师通过不断审视自己的教学行为,反思自己的教学实践活动,把自己过去接受的抽象理论置于实践和理性之下,使理论接受实践的检验和评价,也使自己的实践获得理论的启发和提升,从而使教育理论和教育实践在相互融合的过程中得到丰富和提高。

　　叙事研究作为一种研究方法的新取向,因简单、有趣而越来越受到一线教师的喜欢,也越来越得到教育行政部门和教育研究者的认可与接受。越来越多的人认为,开展叙事研究,将在提升一线教师的教育理论水平、研究主动性以及专业水平上,显示出不可低估的作用。

教师为什么要进行研究

苏霍姆林斯基说，如果你想让教师的劳动带给教师乐趣，使天天上课不至于变成一种单调乏味的义务，那你就应当引导每一位教师走上教育研究这条幸福的道路上来。

故事可以告诉你

1

北方人把黑熊称作黑瞎子。每年秋收时节，黑瞎子总要从山林里走出来，到农人的地里掰成熟的棒子（玉米）。黑瞎子掰棒子有一个习惯：看到一个好的棒子，就掰下来夹在腋下，又看到一个好的，再掰下来夹在腋下。每次夹新棒子的时候上一个棒子就掉了，就这样，黑瞎子不断地掰不断地掉，辛苦了一夜，也只是带着最后唯一的那个棒子回家了。

于是，有了一句谚语——黑瞎子掰棒子，掰一个掉一个。其实，我们当老师的，也会有意无意地犯同样的错误。一个成熟的教师，在多年的教育实践中，一定有过很多优秀经验。但是，大多数教师习惯于遇到一个问题解决一个问题的"掰玉米"模式，没有记录、梳理、提升的意识，更缺乏研究精神。于是，这些优秀的经验就会在用过之后成为"过去"，落在人生的尘埃里，再也找不到踪影。

甚至，我们中的很多人连最后一个"棒子"也没有夹住，在临近退休举起双臂欢呼的瞬间，丢掉了最后一点与教育有关的东西。

2

据说美国华盛顿广场有名的杰弗逊纪念大厦，因年深日久，墙面出现裂纹，为保护好这幢大厦，专家们进行了研讨。最初专家们认为损害建筑物墙面的元凶是具有腐蚀性的酸雨，要想解决这个问题，每年需要好几百万美元的投入，而且还不能保证有效。大厦的一位清洁工得知专家们的研究情况后提醒专家们：造成墙体被侵蚀的最直接原因，是每天冲洗墙壁所用的清洁剂有酸蚀作用。

为什么每天要冲洗墙壁呢？因为墙上每天都会附着大量的鸟粪。

为什么会有那么多鸟粪呢？因为大厦周围聚集了很多燕子。

为什么会有那么多燕子呢？因为墙上有很多燕子爱吃的蜘蛛。

为什么会有那么多蜘蛛呢？因为大厦四周有蜘蛛喜欢吃的飞虫。

为什么有这么多飞虫？因为飞虫在这里繁殖特别快。

为什么繁殖快？因为这里的尘埃最适宜飞虫繁殖。

为什么这里最适宜飞虫繁殖？因为开着窗帘，阳光充足。

经过提醒后的专家再次研究后发现了解决问题的办法——关上整幢大厦的窗帘。

这个故事，至少包含了两个隐喻：一是，教师就像故事里的清洁工，具有丰富的实践经验，却没有通过研究解决问题的习惯，对于大多数教师来说，知道了事情是那个样子，也就只是知道了而已，至多为别人的研究提供一点参考样本；二是，就像只要关上窗帘就能减少几百万美元的投入一样，教育中的很多问题看似迷雾重重，其实只要追本溯源，抓住问题产生的根源，就可以找到解决问题的方法。

而追寻本质的过程，就叫研究。

用真实的故事说话

老王是我同学的老公，从他还很年轻时我们就喊他"老王"。这个"老"跟年龄无关，之所以这么叫，是因为他的阅历比我们多得多，说话办事比较老到。

我和同学毕业后被分配到了同一所学校，也就成了同事。那时，他们小两口就住在学校的单身宿舍里。老王做地质勘探工作，干半年歇半年。不去找矿的那半年里，他经常在校园里转悠。原就相识的我们，经常凑在一起胡侃神聊。当然，一般是他聊，我们听。

有一年，学校新建了职工公寓楼，购房的老师按照教龄积分选楼层。我们的工作年限都不长，只能买到一楼和顶楼。一楼有点遮阴，价格也比顶楼高；顶楼有点高，关键是还有可能漏雨。到底是买一楼还是顶楼，在那段时间里成了我们青年教师茶余饭后交流的主题。

老王主张买顶楼，我们就问他万一漏雨怎么办，他的逻辑是：顶楼漏雨的可能性他做过调查，新楼漏雨的可能性绝对不会超过50％，十年以后开始漏雨的不会超过70％。一般来说，我们这些人在一个地方住的年岁超过十年的不多，所以选顶楼遇到漏雨情况的可能性很低。就算倒霉摊上了一个漏雨的房子，那每年雨季买一大块薄膜盖在楼顶，合计起来的花费也比一楼与顶楼的差价少得多。我们都以为他在开玩笑，便起哄笑话他。老王一本正经地说："不是玩笑，我认真地计算过！"后来，我们果然没住几年便都选择了离开。卖房子的时候，我的一楼和他的顶楼价格相差无几，即便加上他几年间维修楼顶的费用，算起来也还是他当初的购房决定合适。

从那时候起，我们便开玩笑说老王是个生活专家，专门研究吃喝拉撒睡。后来，我和同学分别去往不同的单位工作，我与老王见面的机会便少了许多。去年，偶然聚在一起，得知他现在已经是沂蒙地质公园的总工程师，还是临沂大学的兼职教授，这让我们开始对老王刮目相看。起始学历并不高的他，怎么一下子成了地地道道的专家呢？酒过三巡，微醺的他聊起这些年的事情，我们才知道，他不仅在生活里具有研究的特质，工作中也是如此。

其实，做地质工作是件很辛苦、很乏味的事情。天天餐宿于荒郊野外不说，日复一日的无望寻找最容易让人心生厌倦。很多地质人做久了，大都选择程序式地应付工作，不误点名应卯，完成应该做的事情，把该拿的工资顺利拿到手，回到宿营地喝喝小酒，玩玩扑克，日子也就这么一天天地过去了。可老王和别人不一样，他喜欢对着一块石头琢磨半天，喜欢对某个沟壑刨根问底，他喜欢把琢磨的和"刨"出来的结果写下来，变成研究论文。

前几年，他们地质队在蒙山寻找金矿。当别人满足于完成应该做的任务时，他却在完成本职工作的同时，对蒙山的地质结构研究了个清晰透彻，并写出了一系列有独到发现的研究论文。后来，市里成立了蒙山管委会，对蒙山进行整体开发管理，他们需要引进一个地质方面的专家，自然而然地，对蒙山有独到研究的他成了最佳人选，他就这样从一个地质队员成了地质公园的总工程师。

那天和我们一起吃饭的还有他的几个同事，他们言谈之间无不透着羡慕，说老王真是命好，在地质队由事业单位转型为企业，无论收入还是待遇都开始走下坡路的时候，竟然捞到了一份这么好的差事。老王只是笑，并不说话。我在想，老王的"命好"，也许就好在他比别人多做了一点研究。

其实，老王的经历很容易让人联想到自己。老师们每天重复着相同的工作，遇到相同的人和事，碰到相同的困惑和麻烦。只不过，十年二十年之后，有的人还在重复，有的人开始沉沦麻木，而有的人却走上了教育的高地。原因何在？倘若，非要找出走上教育高地的人身上与众不同的地方，大概也就是多了一点研究而已。换句话说，研究，让他们的人生增加了更多的可能性。

仍然应该是研究

前些天，我到一所学校和老师座谈。休息的时候，校长和我聊起了她的一点感受。

在做校长之前，她是区里的教研员。那个时候，她心目中的好老师，就是讲课比赛中拿到第一名的老师。在她看来，讲课能力是衡量一个教师优秀程度的唯一标准。

几年前，她担任了校长，突然发现学校需要那么多不同方向上的人才。学校社团里有好多敬业而又有专长的辅导老师，每个教研组里都有协调能力强而又不计个人得失的领头人，后勤科里的人更是一个比一个任劳任怨，年轻教师里不乏在某个方面技高一筹的"歪才"，老教师中不显山不露水的"隐士"更是个个身怀绝技……虽然他们"优"的方向不同，却都在不同的岗位上推动了学校教育的发展。站在校长的角度看，学校这个大家庭好像离开了谁都不行，这让她对优秀教师的认识一下子有了重大转变——原来，教师的优秀是各种各样的。

其实，这位校长在衡量优秀教师上所持有的截然不同的两种认识，源于人的一个认知定律——位置决定视野。这个定律对教师来说同样适用，它至少包含了两层意思：一是你看到什么，取决于你站在哪里；二是你看得多远，取决于你站得多高。

一个人的立场不同，看问题的视角就会不同，目光的聚焦点也就会迥异。有时候，认识上的局限，会在很大程度上窄化"目光所及"的扇面，必然导致行为上的缺陷与不全面。我认识李老师时，他还是一位农村语文教师，喜欢舞文弄墨，时不时地在各种文学杂志上发表一些小文章，偶尔还会受邀参加一些笔会活动。他的校长是个很重视"教学"的人，认为教师就应该一门心思备课、上课、批改作业，做其他与教学没有直接关系的事情都是不务正业。李老师的文学创作行为成了"不务正业"的佐证，时不时地就会被校长敲打一番。很快，李老师在这所学校被列为另类，成了最不受欢迎的人。后来，李老师离开这所学校，到了城区的一所小学。新校长喜欢发现教师身上与众不同的气质，很快就"嗅"到了李老师身上特有的"文学味"，便建议李老师在学生习作教学上多进行探索。受重视后，李老师的潜质被激发出来，很快在习作教学上有了突破，成为当地响当当的语文名师，个人的文学创作成绩也蒸蒸日上，发表了不少有影响力的作品。同一个教师，在一位校长看来是累赘，在另一位校长看来却是人才，之所以出现这么大的偏差是因为他们的站位不同。其实，教师的优秀真的是各种各样的，我们根本无法判断教师的生命会在哪一根藤蔓上开花结果，更无法知晓它会在何时以怎样的方式开花结果。

我们经常用"井底之蛙"来嘲笑见识短浅的人，其实那只青蛙真的很冤枉——人家待在地下十几米的地方，怎会比站在地面上的人看到的多呢？倘若这只青蛙跳出井口，不用别人去教化、去指导，它也会马上看见天空的辽远与宽阔。很多人会谴责歧视、体罚成绩不好的学生的老师，认为这样的老师师德败坏，这其实也是对教师的一种误读。在我看来，这些并非只是师德问题，而是与教师的视野大有关联。一个坐在教育之井里的老师，能够看到的就只是眼前的分数和成绩，学生考了高分，他就可以对领导、对家长有所交代，就可以从中获取信任和赞赏，就可以舒舒服服地混过"当下"。也许在他看来，全世界的教师都如他一般朝向分数努力，而他所做的就是最为完美的教育，所以"敲打"一下考不出高分数的学生属于正常的教育行为，都是为了学生的未来着想。换句话说，他是在朝着自己以为正确的教育方向努力。由此可见，对于一位教师来说，站得高远一些很重要，因为一个能够站在生命高度看待学生的教师，绝不会斤斤计较于一分半分的得失，更不会为了提高分数而费尽心思去折磨学生。

唐朝诗人王之涣在《登鹳雀楼》一诗中写道："欲穷千里目，更上一层楼。"意思是说，要想看到千里以外的地方，应当再登上一层楼。这个所谓的"更上一层楼"，说的其实就是教师的教育境界——若想提高教育境界，最好的办法就是"更上一层楼"。所以，在我看来，教师培养绝对不能停留在教学技能的培养和师德教育的灌输上，而要想方设法开阔教师的视野和胸怀，让他们尽可能地站到教育境界的高台之上，看到更多的教育之美。

那么，帮助教师站到"高台"之上的途径是什么呢？仍然是研究。

中小学教师研究现状分析

在中小学教育领域，教师普遍缺少教育研究意识，教师的成长大多停滞在经验层面，严重影响了教师的专业发展进度和水平。要想解决教育研究缺失与教师专业发展需求之间的矛盾，有必要对中小学教师参与教育研究的现状进行分析，以期发现问题解决的路径。

教师的输出能力严重欠缺

大多数一线教师都在教育实践中积累了十分丰富的教育经验，但是这些教育经验往往无法及时有效地得到理论性概括、诠释与提升，从而造成了经验的流失与浪费。吴老师的经历足以说明这一点。

吴老师是我曾经的同事。在我刚刚成为教师的时候，曾与他在同一个办公室办公。我们都教数学。数学是学生最头疼的一门学科。但是吴老师的学生喜欢上数学课，因为他有法儿。

我第一次听他的课时，他讲的是"平行四边形的判定"。按照通常的讲法，老师会带着学生一步步推证出几个判定定理，不仅枯燥乏味，而且抽象难懂。但吴老师做出了改变。他走上讲台时，手里拿着一个卡纸做的平行四边形，颜色鲜艳，做得也很美观。就在学生对他手里的宝物赞叹不已时，吴老师轻轻把平行四边形撕掉了一块，去掉了两个相邻的角。"可惜了，可惜了！"学生的叹息声此起彼伏。吴老师笑笑说："谁能帮我把这个平行四边形还原呢？"学生的探索欲和挽救美好事物的激情一起被激发了出来，一个个都在绞尽脑汁地想办法。整整一节课，学生就在这样的探索中想出了一个又一个办法。而这些办法正是平行四边形的判定定理。

吴老师喜欢自己出数学题，在他的应用题里，每一个人物都以自己班里学生的名字命名。这样一来，学生做数学题，就像是在帮助同学解决生活难题，不仅有趣而且有劲头，所以他班里的学生最喜欢做数学题。

这就是吴老师，无论多么复杂的问题都能在他的笑谈之中"灰飞烟灭"。我很羡慕他的教育艺术，便很认真地向他取经。他笑笑说："我灵感一来就去做了，做完也就忘了，现在让我告诉你经验，还真是一下子想不起来。"从他的神情里，我知道他没有骗我。也许对他来说，教学的艺术都是生成的智慧，是在一闪念间蹦出来的，而且每次都不一样，想系统地说出来，并不是一件容易的事情。那段时间，我从他的身上学到了不少"干货"，虽然只是零星的片段，却足以让我从混沌与青涩慢慢走向成熟。

在我的书《寻找不一样的教育》出版后，我送给了吴老师一本。他拿到书翻看一部分后，连连赞赏，并不断夸我是个有心人，能够把教育生活中那些本不起眼的小事写得入情入理，还可以从失败的教育实践中得出足够的教训。那一刻，我就想，假如吴老师能够把他的那些教育智慧随时记录下来，他写出来的何止是一本书，应该是一套教育经典呀！那时他所影响的也就不只是我这样一个"偷艺"的老师，而是一个庞大的教师群体。甚至，我都在想，现在已经到后勤科室工作的他，如果不把自己的经验梳理成一本书，实在是可惜了那些宝贵的教育艺术。于是，我便问他，有没有写本书的打算？他笑得更厉害了：我连篇文章都写不出来，你让我写本书？

　　我的心里莫名地有些伤感。在我们的身边，像吴老师一样德艺双馨的老师有很多。他们勤勉实践，经验与智慧都引人赞叹，但是他们大多不习惯记录，更没有总结提炼经验的意识。大多数时候，他们的经验局限于本校范围内的展示与交流，影响的只是身边为数不多的老师。并且，现有的校本教研模式，决定了他们传授的智慧只能是片段式的，形成不了完整的理念体系，很难对其他人造成"革命性"的影响。对于教育来说，这无疑是一个巨大的损失。

　　当然，我们已经意识到了这个问题，并采取过很多切实可行的办法，其中"师徒结对"就是比较常见的一种。在相当长的一段时期里，由富有经验的老教师带教刚入行的新教师，几乎已成为教育界不成文的"规矩"。在不少中小学里，经常可以看到非常隆重的"师徒结拜会"。每逢教师节，这样的拜师仪式甚至被演绎成"经典一幕"。这种做法，确实为青年教师的成长创造了好的机会，倘若一个青年教师跟对了一个富有经验的优秀教师，其成长的速度肯定会有大的提升，成功的可能性也将大大增加。但是，这种传统的模式，除了影响的范围小以外，还有一个致命的弱点，那就是只注重一招一式的"言传身教"。这些细枝末节的具体做法，在传递过程中会因个人接受能力或喜好而被删减放弃，从而造成优秀经验的人为性流失。

　　其实，教师应该做一个能输出的人，要学会把自己的经验和收获固定为一种稳定的模型，然后充分表达给更多的人。从这个意义上来说，研究对于教师的价值就在于：让教师的经验及时得以固化、物化和传播，并完整地保留下来。

教师的输入能力不容乐观

经验流失，意味着教师输出能力的欠缺，而实际上，教师输入能力的情况也不容乐观。在现阶段，教师获得知识输入的方式一般有两大类，一是外在的要求，一是自我的需求。就这两种情况，我谈一下自己的看法。

先说"外在的要求"。实事求是地讲，这是一个注重教师培养的时代，无论是学校还是教育行政部门，都会组织各种各样的教师培训活动，然后要求教师全员或部分参加。这种知识的输入就属于"外在的要求"，是管理者在渴望教师成长的意愿推动下而设计出来的培养方式，是教师不得不参与的一种常规活动。官方组织的这些培训活动，主要以讲座的形式开展，通常邀请专家名师对教师进行理论或技能上的引领。可以说，这些授课的专家名师都是名副其实的，都在某一领域或方面有着独到的研究和见解。但是，对于受培训者来说，这些研究和见解终究属于"别人家的"，看上去再好，也很难在自己的实践中落地生根。

虽然教师每年都要参加各种规模不等的培训，但有些老师进步不大，在教育教学中依然故我，重复着昨天的自己。为什么？"转化"能力有限。一个教师要从培训中获得成长，就必须具备把他人的理念转化为自己的教育教学行为的能力。遗憾的是，很少有老师有这样的意识。我们常见的培训现场是：一人手里举着一个手机，噼里啪啦地对着授课人的课件拍摄，拍完了就玩一会儿手机，等新的一页 PPT 出现，再重复一次拍摄程序；讲课结束后，一群人围在讲台前，争先恐后地拿出优盘拷贝课件，好像只要课件到手，那些理念和精神就会主动地钻进自己的脑子里。没有听课过程中的碰撞与思考，没有听课后的反复揣摩、理解与内化，"别人家的"终究还是别人家的，别人的理论与自己的实践之间永远横亘着一堵墙。

上面谈的是"外在的要求",下面我说一下"自我的需求"。如果说官方组织的统一性培训,因存在着"被迫而为之"的心里抗拒而实效低下,那么一些教师的主动参与学习就显得尤为珍贵。在管理者的强求之外,很多教师会自发地寻找成长的机会,比如通过阅读提高自己的教育能力,自费参加一些优质的培训活动来开阔自己的视野,参加一些民间的自助成长团体汲取群体的智慧,等等。因为是自愿成长,教师在学习的过程中所表现出来的激情和韧性委实值得钦佩。但是,这样的自我成长也存在着问题,那就是教师在心理和认知上普遍"重技能,轻理论"。在学习活动中,他们更喜欢实操性的讲解,更珍惜那些"拿过来就能用"的战术。

读书,喜欢读教育"兵法";听课,喜欢听实战经验。这种浅表性的快餐式学习,已经成为当前教师培训领域的一大怪病。无论是"外在要求"下的体制型培训,还是"内在需求"下的自主成长,实用主义都不自觉地成了主流。只不过前者的拒绝培训心态更甚,掩盖了学习过程中的其他瑕疵,相比而言,后者中的"心态积极却效果不佳",更清晰地暴露出了教师输入性不足的窘状。

经过研究发现,教师在输入方面主要存在三个方面的问题:一是拒绝输入,不愿为各种学习行为付出时间、精力和努力,让知识输入被阻断在开始之前;二是选择性输入,输入的内容过于偏向实用技术,对于更深层次的理论持排斥心理,让知识输入变得狭隘而浅薄;三是输入障碍,缺少将被动"听来"的经验或理念转化为自己的知识的意识,有意或无意地造成知识输入的隔膜与阻滞。

古人云:"问渠那得清如许,为有源头活水来。"教师是一个不断求新的职业,只有时时补充新知识才能满足教书育人的需求。也就是说,教师要想实现职业发展的理想,首先要保证教育知识的不断输入。而这个"源头"的动力，就是教师的研究意识，就是把别人家优秀的东西，吸收、内化成"自己东西"的意识。

教师的研究力需要加强

教师是天底下最累的几种职业之一。

教师们每天面对繁重的教学任务、打不完的学生官司、纷繁芜杂的班级事务，很多教师被工作搞得焦头烂额，以至于忘了品尝教师职业的幸福，更不敢奢望达到"享受教育"的崇高境界。慢慢地，他们工作越来越累，心情越来越烦，对未来越来越迷茫，工作成了一种疲于奔命的挣扎和应付。这种日趋走低的工作动力，已经成为教师职业倦怠的根本原因。

享受教育，这是一个很高的教育境界，恐怕很少有人可以达到，对于很多人来说更多的是把它作为一种职业追求。但是，把教育变成一件幸福的事情，化枯燥为有味、化无聊为充实，却是教师可以做到的事情。当然，这需要教师具有一定的研究力。比如，在班级管理中，教师经常会遇到各种秉性不同的学生，其中最难以管理的是一种近乎"歇斯底里"的孩子。他们往往表现为易怒、好冲动，在别人看起来微不足道的一些小事，都能诱发他们强烈的反应，比如摔课本、砸桌子，甚至是骂人、打人等近乎疯狂的举动。对于这种学生，老师的一些正常管理行为，都有可能引发师生之间的冲突；如果采取简单粗暴的处理方式，则可能导致悲剧的发生。这是令教师最为头疼的一类学生，对他们的管理也是班级管理中最难以突破的一个痛点，很多教师遇到这样的学生往往会自认倒霉，选择放弃管理，听之任之。偶有教师"迎难而上"，与其做针锋相对的"斗争"，最终也大都落得个骑虎难下的下场。

其实，如果教师具有一点研究力，就会发现，这类学生往往都在生活中遭遇过突然的打击，也就是说他们极度缺乏安全感，他们的那种超乎常人的行为，恰是一种过度的自卫方式。这种孩子有一个特点，那就是一旦认可了你、信赖了你，就会绝对服从你、迎合你。所以，这类孩子出现大的"暴力"行为时，也许正是你走进他内心的最佳时机，而一旦你走进了他的心灵，你的教育将注定收获美好。

教师研究力的培养，有两个渠道，一是阅读，一是教育写作。阅读是接受、吸收、借鉴别人经验的有效手段，可以迅速提高自己对教育问题的认识水平。而教育写作作为一种反思方式，是教育研究最直接、最有效、最容易被老师接受的一种研究形式。如果一个教师可以把遇到的棘手问题当作研究的样本、写作的素材、反思的资源，他就一定能够在琐碎的教育生活中觅得一份幸福。

教育走到今天，再也不是过去那种粗放的、可有可无的生活附属活动，它已经成为每个家庭最为关心、社会各个层面最为关注的问题，既关乎民生，也关乎国计。在这样一个社会环境下，教育所背负的社会期望和压力越来越大，而这种压力最终会以各种形式转化为对教师能力的要求和考验。"担当最重"的中小学教师群体，肩负的东西自然就更多，这就决定了中小学教师不仅要具有丰富的智慧力和灵活的执行力，还要具有深厚的研究力。

教师的研究意识亟待唤醒

当下的中小学教育算得上是一个奇葩，嘴上说的和手里做的完全不同。各种会议、各色论坛，无论是领导的发言还是优秀教师的表态，把素质教育"搞"上去的论调无不掷地有声，教育的美好蓝图被一遍遍勾画得嘎巴嘎巴响。但事实上，在教育的第一线，在教师的课堂上，最真实的教育还是几十年前的样子——分数至上，升学率至上。

　　按说，教育追求分数和升学率是没有问题的，毕竟分数也是学生素质的一种表现，考试能力也是学生综合素质的一部分。可问题就在于：只追求分数和升学率，把学生的素质视为"无用"的东西；获得分数和升学率的方式有问题，加班加点和重复教学仍是取得成绩的主要手段。当我们把分数的高低作为界定教育成功与否的唯一方式时，一线教师就必然选择用最简单、最直接的办法尽快获取分数。可以这么说，这是当下教育怪现象一再上演的主要原因。

　　同一个班级，同时开设好几门课程，往往哪个老师要求得严格一些、布置的作业多一些，谁的教学成绩就会高一些。如果分析一所学校里教学成绩最好的那些教师，我们就会发现他们的教学策略未必最好，教育智慧未必最高超，若非要找出一些共性来，那就是他们都特别勤奋——尽可能多挤占学生的空余时间，尽可能用更多的精力盯着学生学习。所以，有人提出了这么一个观点：教学成绩过分优秀的教师是值得怀疑的。这个观点虽然有些偏激，但是放在具体的教育现实之中，却相当有道理。因为，很多教师的教学成绩真的不是靠教育艺术得来的，而是靠教育手段获得的。

　　如此，领导要成绩，家长要分数，社会要效益，并且要的还是短期内就可以看到的成绩；如此，大家都在拼抢，都在挤压，都在讲求立马就可以拿到手的成绩。而只有你，在慢慢地做真正的教育，做不靠"杀鸡取卵"就自然而然出成绩的教育，你的速度肯定要比别人慢得多，就会被别人甩在后面。

　　如果你在做当下看不到果实、成果在未来的教育，就会在当下失去很多——与荣誉无缘，与利益失之交臂，与不解和埋怨相伴。其实，几乎所有的教师都知道怎样的教育才是真正的教育，却没有信心和勇气去追求那份真实，唯一的原因就是舍不得放下眼前的东西。毕竟，把一切交给未来，需要的还是不计眼前得失的牺牲精神。

由此而知，教师不愿意从事教育研究的关键原因就是害怕——害怕牺牲功利环境中的快速成功，害怕牺牲"杀鸡取卵"方式所带来的即时回报，害怕被现实的教育评价一棍子打死。毕竟，教育研究不可能给你"立竿见影"的成长，更不会给你快速提高分数的法宝。其实，这还只是表象，更深层次的一种害怕是：在中小学教师的认知里，教育研究始终是一件深不可测的事情，属于可望而不可即的奢侈品。也就是说，有些教师不是不愿意研究，而是被教育研究表面上的"高大上"与"不食人间烟火"的清高所恫吓，不敢研究。

很明显，教师的研究意识有待唤醒。而唤醒的最好办法是找到一种适合一线教师的研究形式，让教师从容地开展教育研究，从而走上专业发展之路。

叙事研究的可行性分析

　　叙事研究使越来越"精细化"和"学术化"的教育研究转向"草根化"，强调以教师的真实生活为基础，以教师行动的意义探索为目的，以教师自己的故事建构为手段，以实践—反思—叙述—再实践为具体的操作方式，让教育研究更加贴近教师的职业生活。从总体上来说，叙事研究是一线教师最适宜、最有效的研究方式。

我们需要怎样的教育研究

　　现在的教育研究处于两难的境地：一方面，随着教育改革的深入，教师的困惑越来越多，教育面临的困境越来越现实，教育研究理应大有可为；另一方面，教师的理论水平较之实践能力，相对薄弱，教师对教育研究没有"源发性"的兴趣和动力，大多是为了切身利益才"不得不"去做"研究"。很多教育研究部门也为此做过很多努力，但是效果并不明显，无法从根本上解决实际问题。其实，要想改变这种局面，首先要厘清一个意识和理念上的问题，那就是：我们需要怎样的教育研究？

　　首先，我们需要低姿态的教育研究。虽然我们更愿意把教师定位成教育研究者和实践者的结合体，但事实上，绝大多数教师的实践能力大于研究能力。一线教师所关心的，大都还是如何解决具体的、必须要直接面对的现实问题。比如：两个学生闹了矛盾，怎样处理才是最佳方案；某个学生经常扰乱上课秩序，怎样才能让他"安静"下来；某个男生不愿意做卫生值日，应该怎样和他沟通……一线教师既不需要写一篇结构严谨的教育论文，也不需要立项结题进行课题研究，大多是在办公室里一人提起、众人参与，七嘴八舌就把问题给解决了。有时候，甚至老师的一个牢骚，也可以引发一场"办公室研究活动"。这样的"研究"，虽不规范，却是最实用、最有效、最容易被教师接受的方式，是一种自发的、原生态的研究活动。

再看我们现在的教育研究，往往把精力和目光放在课题研究上，表面上看起来高端宏大，实则是把很多教师排斥在研究之外。专业科研的严谨、精细和枯燥，本身就很容易让教师望而却步。再加上课题研究的问题往往比较宽泛，离一线教师的教育生活比较远，并不是教师非解决不可的问题，更让教师抱有放一放、缓一缓的想法。所以，教育研究要想真正走近教师，就必须放低姿态，无论研究内容还是形式，都需要让教师看得见、摸得着、做得起。

其次，我们需要有梯次的教育研究。现在的教育研究很像一件奢侈品，特别是高级别的课题研究，不仅稀缺，而且难以普及。教师的层次和发展方向迥异，有的喜欢"阳春白雪"，有的可能独爱"下里巴人"，只有把教育研究做成一个有梯次的体系，才有可能让教师各取所需，教育研究也才具有针对性。

教育研究的梯次，可以从三个方面来表述。一是研究内容。我们既要有教育理论的科学构建，也要有具体问题的深入探究；既要有对前瞻性问题的眺望，也要有对既有经验的总结提升。二是研究形式。我们既需要结构严谨、表达理性的论文，也需要充满人文、启人深思的叙事研究；既需要组织庞大、严格规范的规划课题，也需要小巧灵动、着眼实际的草根课题。三是研究主体。教育研究的研究主体可以划分为普通教师、有科研意识的教师、科研型教师和专门的研究人员，为他们量身定制不同类型的研究，是促进他们进一步提高研究能力和研究积极性的最佳选择。我以为，教育研究的梯次大致可以按照这样一个层次来实现：100％的教师可以做的研究——以对具体事件进行反思为主的叙事研究；80％的教师可以做的研究——以论文、案例撰写为主的经验提升；50％的教师可以做的研究——以解决现实问题为主的小课题研究；20％的教师可以做的研究——以完成各级规划课题为主的重点课题研究。

　　再次，我们需要有激励的教育研究。现在的教育研究评价仍局限于官方认定。论文评选，要看是哪级机构组织，得了哪个奖次；课题评奖，要看是哪级规划，还要分出个一二三来。这样的评价机制下，一方面只有少数人才有机会受到权威认定，绝大多数人只能望洋兴叹，这就必然会让教师的科研积极性受挫，还会助长不把心思放在搞好研究上，而是热衷于走门子、跑关系的风气；另一方面，让教育研究活动越来越趋向行政化，科研机构不再是安静的学术研究团队，而成了管理和评价的权威部门，课题成了部分人手中的“官印”，论文评奖权成了部分人抬高身份的手段。

　　要解决这个问题，我们就要逐步引导教师学会自我认可，借助群体组织和非官方评价来达到教育研究推动教师成长的目的。以教育叙事撰写为例，一个教师撰写的叙事文章，如果发表在某个平台上，比如自己的教育博客、学校的网站论坛、各种教师 QQ 群以及各大教育网站，就会有其他教师留言评价，这种草根的鼓励虽然微弱，却也是一种激励力量；如果在某一级教育报刊上发表了，得到了读者的认可，就会是一种更大的鼓励。长此以往，教师就会在他人的鼓励中获得自我认可，这种自我认可比权威认定更长久。

　　教育研究是教育的必需，教师成长是所有教师的愿望，这两者之间并没有不可调和的矛盾。问题的症结在于，我们没有给教师适合的教育研究，教师没有找到适合自己的研究之路。

叙事研究是最适宜的方式

其实，一线教师的教育研究就是一个"做—思—写"的过程。

做，就是教师在教育教学第一线所做的具体工作。每一个教师都是具体的实践者，每天都在从事着真实的教育教学工作，这些工作正是教师的研究资源和样本。比如说，一节课完成了，这节课就可以成为研究自己的课堂教学的资源，也可以成为研究某一个具体教学环节的资源。比如说，一个学生犯了错，"犯错"就是值得研究的问题触点，如何处理这个问题又是一个触点，处理结果的好坏也是一个触点。再比如说，某一件事情被你搞砸了，"搞砸了"本身是件坏事，却也是教育研究的开端。所以，对于教师来说，你所从事的教育实践无论大小、无关好坏，都是可以用来研究的样本。反过来说，教育研究必须建立在实践基础之上，没有真实的实践，就没有真实的问题，也就没有真正的研究。"无源之水，无本之木"式的研究，只能算是假研究、伪研究。

思，就是教师对自己的教育实践所进行的思维加工。在农村，拉磨的驴子都会被蒙上眼睛。这是因为，驴子是习惯于朝前走的，而拉磨却需要绕圈圈，当驴子被戴上眼罩，它就没有了行动的方向，就只能拉着磨盘不停地转圈。驴子可能觉得自己走了很远很远的路，其实依旧在原地打转。其实，在教师群体中不乏被蒙上眼睛的老师，一辈子都在三尺讲台上辛勤耕耘，却总是在原地转圈圈，既没有创新也不存在改变。这样的老师，日复一日地进行着简单的重复，充其量是个流水线操作者。

对于绝大多数教师来说，"做"是教育生活的常态。所以，单从实践的角度来衡量，根本无法区分一个人的成长是否存在。而能否在"做"

中"思"，才是一般教师和优秀教师的一个重要分水岭。优秀的教师习惯于"思考"，习惯对每一个教育事件进行如下几个方面的思维加工：一是判断。这件事做得怎么样？是好还是坏，是正确还是错误，是失败还是成功？二是追问。好在哪？从中获得的经验是什么？不好的症结在哪里？应该怎样去解决？三是自省。从所思考的问题中获得能力提升，形成稳定的理性经验，获得专业成长。

写，就是教师对自己的思考所进行的理性表达。写作是一种表达，是对思考的固化，也是对经验的物化。叙事研究的写作过程就是形成研究报告的过程，这一过程主要包含以下几个环节：一是撰写故事，就是把自己所做的事情或遇到的事件以故事的形式呈现出来，从而形成叙事研究案例，故事化是研究报告撰写的第一步；二是多维分析，就是对自己的思考进行系统的、完整的研究性表达，让自己的思维逐渐清晰、条理，为获得最终经验奠定基础；三是经验提升，就是对思考的结果进行整合性表述，把自己实践与思考的结晶以理论的形式进行阐述，并形成经验模型，从而用于以后的教育实践。

叙事研究的"草根"特征

为什么说叙事研究是每一位教师都可以去尝试的一种研究形式？原因很简单，相对于宏大的理论研究来说，叙事研究具备一些"草根"特征，主要表现在以下几个方面——

贴近生活。常规的教育研究，其着力点放在对抽象概念、思辨逻辑和实证的准确把握上，对一线教师来说过于"高大上"。而叙事研究则侧重于对教育经验的感悟、体验以及对教育生活的再现，往往是通过对教育事件的记录和反思来获取教育经验。它对有着深厚教育教学经验和丰富人生阅历的一线中小学教师来说，不仅伸手可及而且操作简单，便于使用，为教师进行教育研究提供了一条适切的路径。同时，叙事研究作为教师研究学生的一种方法，为实现师生间的良好交流创造了条件：对于教师来说，通过写学生、研究学生而获得对学生的重新认识与理解，从而获得对学生的全面认识，有助于教师走近学生的生活；对于学生来说，当得知自己是教师的研究对象时，会产生趋向吸引的心理，有助于缓和、优化师生之间的关系。由此可见，叙事研究不仅在研究内容和方式上贴近教师生活，其研究成效也更加贴近学生的生活。

形式多样。常规的教育研究一般采用逻辑性极强的思辨语言，与具体的教育实践相去甚远，也无法与教师的生活实际密切联系。叙事研究所运用的语言具有朴实性和真实性的特点，为一线教师所熟悉和擅长。从文本上看，叙事研究以教育叙事、教育案例、教育反思、教育札记等多种方式呈现，可以是解释的、讨论的、分析的、描述的；而常规教育研究的文本基本上以教育论文为主，在文本呈现上极少有其他的形式。相比较而言，叙事研究无论是在语言表达的丰富性上，还是在呈现形式的多样性上，都具有常规的教育研究无法比拟的优势。同时，叙事研究的研究者和研究对象都是生活中真实存在的个体，因而叙事研究带有强烈的情感色彩和鲜明的个性特征，这不仅使叙事研究本身更加真实感人，也让其教育意义更加多维、多重。

效果及时。常规教育研究的视角一般比较宏大，研究的规范性和严谨性较强，也正因如此，常规研究的时效性严重迟滞，教育研究成果无法及时作用于教育实践。而叙事研究旨在以朴实无华的描述性语言，深入细致地再现教育生活中的故事，并通过具有生命的、鲜活的教育事件，来解释隐藏在教育事件背后的意义和价值。它没有严格的研究时限限制，也没有规定的研究程序，能将教育经验迅速转化为教育研究文本。比如，当一个问题出现时，教师可以立即对这一问题进行描述，同时进行必要的理性分析，得出意见和结论，然后形成研究文本。这个过程可能仅需要半个小时就可以完成，因而研究的实效便可以在短时间里得以迅速产生。甚至，问题出现后，教师在了解基本情况后所做出的即时理解和反馈，也可以形成研究成果。所以，叙事研究基本属于"即研即用"的快餐式研究，但其即时性和持续性正是促进教师专业成长的关键所在。

叙事研究之于教师的意义

苏霍姆林斯基说："要想让教师的劳动能够给教师带来乐趣，就应该引导教师走上从事研究的幸福道路上来。"而最恰切的研究莫过于叙事研究。

叙事研究为中小学教师参与教育研究提供了新思路。中小学教师参与教育研究的积极性为什么不高？其间可能有多种因素在起作用，但其中最重要的一点恐怕就是，传统意义上的教育研究不适合一线教师，让教师害怕、排斥甚至拒绝参与。如此，一线教育实践需要教育研究与一线教师拒绝教育研究之间就出现了一个巨大的矛盾：一方面，教育实践中有大量的问题存在，亟待通过教育研究来解决；另一方面，教师大都惧怕教育研究，对教育研究持敬畏心态。叙事研究的草根路线，让每一位教师都具备了从事教育研究的可能与机会，在一定程度上缓解了上述矛盾。

叙事研究为提升中小学教师的专业素养提供了契机。通常来说，教师的成长呈现出四个层次：一是实践操作型，这是教师专业发展金字塔的基础部分，包含了教师群体的大多数，处于这一层次的老师的教育成败得失，往往带有很大的偶然性；二是经验积累型，这是教师专业发展的第二个层次，处于这一层次的老师，往往很重视总结和积累教学经验，善于把握事物间的因果关系，属于优秀教师；三是理论探索型，这是教师专业发展的较高层次，达到这一境界的教师的教育实践，明显地表现为自觉的理论追求，这类教师能够从自己的教育实践中总结出可操作的理论模型，属于名师；四是思想建构型，这是教师专业发展金字塔的顶端部分，达到这一境界的教师完全进入了教育教学的"自由王国"，他们并非刻意表明自己追求某种理论，而是已经把某种理论追求深深融入了教学实践的每一个"毛孔"，形成了自己的教育风格和教育特色，并初步建构起了自己的教育思想体系，这类教师属于专家型教师。从理论上来说，层次越高，对教师基本素养的要求也会越高。而叙事研究作为一线教师最喜欢的研究形式，无疑为提升教师专业素养提供了最多契机。

叙事研究为培养中小学教师的职业兴趣提供了可能。当前，中小学教师的待遇普遍不高，社会压力又极大，使得教师极易产生职业倦怠。进行叙事研究的研究者（也就是教师）会以学生为研究对象，从不同的角度及途径了解学生，对学生投入更多的时间和精力，师生间的交往便会随着师生感情的日趋笃厚变得越来越和谐。师生之间的这种情谊，往往可以淡化教师的职业倦怠，让教师感受到更多温暖和动力，让教师的职业生涯充满"人情味"，从而永葆激情和热情。而且，一旦教师走到以故事为主的叙事研究道路上来，势必会学习如何进行观察。当观察由一种技能演变为一种习惯时，教师会不断发现以前在日常教学中所看不到的细节，会以一种客观的方式来评判学生，并进行教育反思。如此，教育中的诸多困惑就成了研究的对象和素材，教育中的诸多麻烦事也就在研究中变得有意思，从而缓解了教师的职业倦怠。

概言之，叙事研究作为质的研究方法的一种，强调教师在教学中进行研究观察，更强调教师在教育中不断进行教育反思。如此，教育实践中的一招一式、一草一木都具有了研究的价值，教师也就会在研究中获得幸福感和自豪感。而这种幸福感自然会通过教师的教育行为，转化到学生身上，从而提升学生的幸福指数。从这个意义上来说，叙事研究幸福的不只是教师，还有学生。

叙事研究的生命成长价值

叙事是人们以语言为基本手段，通过叙述事件或故事来表达思想、体验世界和理解生活的方式。近年来，叙事研究逐渐成为广大一线教师进行教育教学活动和促进自我专业成长的一种研究方式。这种研究方式可以分为三个层次，从不同的角度产生教育影响。

叙事写作是教师的一种自我成长方式。在有些人看来，叙事写作似乎只是一种技能，用平常的话说就是某人会写文章，而某人不会写文章。但实际上，叙事写作是教师对某一事件进行思考、尝试解决的一种理性表达，它包括思考的逻辑化、话语的创新表达与行动的语言呈现三个不可或缺的要素。具体来说，教师要撰写一篇教育叙事，主要的环节应该包括如下三个：一是精心梳理，回顾一段时间以来有意义的教育或生活事件；二是用心记录，把其中有教育价值的事件写成教育故事；三是反思修正，通过对教育故事的反思修正自己的教育行为。如此，叙事写作过程就是教师对教育事件和教育教学行为的自我回顾、自我审视和自我完善的过程，也是教师的自我成长过程。在这一过程中，教师的成长主要依靠自己的努力来获得，不需要他人的帮助和推动，也无需借助外在的力量。所以，叙事写作是一种很自我的成长方式，也是成本最低、环节最简洁的成长方式，可以作为最普适的教师成长手段。

叙事育人是教师的一种道德教育方式。叙事研究的第一目的和直接任务是育人，育人的核心是育德，即促进学生的道德生长。传统的道德教育往往以说理、说教、灌输为主，德育过程呈现为简单的道德知识传授与接收，缺少情感体验，从而导致德育的实效低下。叙事教育通过讲述故事来营造教育环境，以心灵对话、情感体验和情景感悟为主要教育策略，其实质是"感触—感动—感悟"的道德内化，是直抵学生心灵的情感型教育。它指向的是生命的真实成长，是一种最佳的道德教育方式。

叙事研究是教师的一种专业成长方式。有人认为教师上好课、教好学生就行了，没有必要进行叙事研究。其实，叙事研究能帮助教师活化思维，催生新思想，改善教育教学行为，从而使教师身上少些"匠气"，多些"灵气"，让自己逐渐摆脱教育教学"习惯"与"教条"的桎梏。因此，上好课、教好学生与叙事写作并不矛盾，而是相辅相成的。因为叙事研究是一种行动研究，其遵循的基本原则是：问题就是课题，行动就是研究，成长就是成果。从这个意义上来说，叙事研究是对教师的教育教学过程的记录、叙述、反思和总结，是探讨教师教育教学生涯、教育理念及能力发展的重要方式。因此，叙事研究对于教师来说，就是一种促进教师专业成长的最佳途径和研究方式。这里的专业成长指的是教师内在专业结构不断更新、演进和丰富的过程，前面提到的自我成长只是其中的一种，所以专业成长的内涵要远远高于自我成长，可以说是包含与被包含的关系。这也恰恰印证了叙事研究与叙事写作的关系。

事实上，叙事研究的三个层级也恰恰是我个人从事叙事研究的三个阶段。从叙事写作到叙事研究我整整走了二十年，摸索了二十年。在我对叙事研究有了一些了解和认识并从中受益以后，自然希望越来越多的人走上叙事研究之路。所以，在最近几年里，我一直所做的努力就是：让越来越多的人走上叙事研究之路，走上叙事成长之路。

用诗歌叙事的教师成长样本

周庆吉，"叙事者"教师成长团队成员，自 2009 年开始进行诗歌创作，作品陆续在《小学语文教师》《山东青年报》等刊物上发表，2016 年出版个人诗集《春泥》。

往事碾成尘/如风似轻纱/回忆作春泥/一生灿如花/香如故/春芽含苞……

这样的诗句，很容易让人想起柔情温婉的香丽女子，抑或是徐志摩般的柔弱书生。当我带着这样的想象见到诗作者时，不禁多揉了几次眼睛：一米八的大个子，虎背熊腰，粗壮彪悍，谈吐豪放……这个让人视差爆棚的大男人就是山东省临沂市兰山区朱保小学教师周庆吉，一个诗人，一个乡村教师，一个带着一群孩子追逐诗歌梦的数学教师。

与乡村孩子一起写诗

周庆吉是个不容易让人理解的人，他的许多做法似乎与周围的世界格格不入。

周庆吉的学校所在地是全国著名的板材加工基地，那儿的人老老少少都有自己的企业，人们茶余饭后谈得最多的是如何赚钱，如何享受富足的物质生活。而他却疯狂地迷恋上了诗歌，几乎所有的业余时间都用在了诗歌创作上。一次同学聚会，一个颇有钱的同学问他："写诗能赚钱吗？能发财吗？"他老老实实地回答："不能！""那你还写什么劲呀！有那点闲时间去辅导个学生赚点钱也好呀！"其他同学也劝他不要"在童话世界里像空气一样活着"，更不要"不食人间烟火"，甚至有人说他无病呻吟、太做作。对此，周庆吉只是笑笑，不做任何解释。因为，他心里的甜只有自己知道：常见的几个汉字，用不同的方式排列，就能成为节奏明快、曲调悠扬，且让人或热血沸腾或潸然泪下的诗——他喜欢这样的文字之美。

乡村教育的贫瘠，不仅是物质上的，更多的是精神上的，所以大多数年轻教师在农村工作几年后纷纷选择了离开，而已在乡村学校工作十几年的周庆吉选择了坚守。家人同样不理解：不是没有能力走，也不是没有机会离开，为什么不去过城里人的生活？谈到这，周庆吉笑着拿出他最近刚刚出版的一本诗集《春泥》说："一个乡村教师就是乡村教育的春泥，我要像春泥一样去呵护乡村的这些花朵。"在他看来，城里的孩子得到的东西已经足够多了，总需要有人留下来给乡村孩子一点幸福和快乐。"我可能给不了这些乡村孩子富足的生活，但我愿意通过我的诗歌带给他们一些快乐。我喜欢这些天真烂漫的孩子，每天能和他们一起读书、写诗，一起奔跑、欢笑，就是我最大的幸福。"说到这里，周庆吉仿佛又沉醉在了自己的诗歌世界里。

诗歌是对世界的深情诉说

"叙事者"教师成长团队，是一个有着上千名成员的民间教师成长组织，他们是一群喜欢用文字叙事的教育人。在 QQ 群里，叙事者成员用一篇篇文章叙写着自己的教育情怀。周庆吉是个例外，他很少写文章，而是喜欢用诗歌叙事。几乎每天，他都会在群里发一首自己写的小诗，或长或短，记录自己的生活和工作。

"六一"儿童节那天，周庆吉带着学生逛校园，到操场看蓝天，到小花园里看花朵，闻雨后泥土的味道。然后，他写了这首小诗《此刻，我扔掉了书卷》，清朗地读给孩子们听。

今天是你们的节日／放下书包／快到户外的花园／小树林里／到田间／河边／和自然尽情拥抱／和花儿一起欢笑／小手牵着风儿奔跑

累了／大口喘着气／躺在草地上／看着树叶哗哗／温暖的阳光透过树枝／一片片银光／像星星／更像一双双童年的眼睛

用捡来的枯枝／静静地在地面上／画了一个老师／画了一群孩子／旁边添上了一棵大树／还有一个太阳／凉爽地／幸福地闭上了眼／梦见了七彩的虹／还有甜甜的笑容……

诗心是最美丽的，这句话放在周庆吉身上最为合适。带着一颗诗心，周庆吉在教育的土壤中尽情享受着泥土的芳香；因为一颗诗心，周庆吉的情感比别人的多了许多柔软细腻。别人谈话时不经意的一个表情、一个眼神，都会触动他的内心。他经常会因为一句话感动半天，也会因为一个悲伤的故事郁闷好久。这些，他都会用诗歌的形式记录下来。母亲节时，他看到了母亲的白发，于是有了《流着泪，写的诗》：

从第一声哭响，就闻到了你的乳香／你却忍着剧痛，笑着大汗淋漓的模样／我努力睁眼，却还看不清／你年轻漂亮的脸庞／你给我用花布做了第一个书包／从此我踏上求学的路／你从不问我考得怎么样／只

关心我的健康/要不我为什么长得这么壮/长成男人的模样

　　慢慢地长大了/为了梦想我要去远方/你用心血支持我的成长/我好像吸血鬼一样/现在还经常想起/每次你送我的目光/哪怕我再窝囊/也没见你心伤/只是笑着很坚强/你已经老去的背影/瘦弱的肩膀/白发苍苍/仍然是我心中最软的地方……

"我认为，诗歌就是用淳朴的语言对世界的一种深情诉说。"在周庆吉的眼里到处都是诗，他感动于一草一木的坚强，沉溺于教育幸福的细微。从2009年开始到现在，他已经写了近两千首诗歌，许多诗歌在报刊上发表。当然，这并不是周庆吉的最终追求，他最为牵挂的还是那些孩子。

诗意盎然的数学旅行

周庆吉是一名数学教师，但他的数学课总是邀请"诗歌"参与。每节课，周庆吉都会根据教学内容的需要教学生学习一首小诗。比如，学习"三角形"时，周庆吉想到了船帆，他带领孩子们一起欣赏冰心的小诗《纸船》。很快，孩子们的注意力便被这首诗吸引了，仿佛他们正将纸船放到水中，带着思念望着它们远去。从这首诗开始，周庆吉和孩子们一起开启了一趟诗意盎然的数学旅行。

作为班主任，教育学生是必不可少的一项工作。当严厉批评和讲大道理都无法奏效的时候，周庆吉会适时来一首小诗，让学生在诗歌里明白一些道理：颜真卿的《劝学》，让学生懂得了学习的意义；余光中的《乡愁》，让学生理解了母爱；更多时候，让学生感到亲近感动的，还是周庆吉自己写的"教育"诗。有一次，校园里的一棵石榴树开花了，他领着几个上课不认真学习的学生来到石榴树下赏花。忽然，他心里涌出一种感动，一首《火红的角落》喷薄而出。为了让学生们感受到时间匆匆，提醒他们珍惜时间、感恩教师，他写了一首诗《飞扬，飞扬》。

山野里的诗歌社团

周庆吉相信，孩子都是天生的诗人，他们说的每句话都是诗的表达。所以，他不单是带领孩子们欣赏诗歌，还有了让孩子们写诗歌的想法。2015 年初，周庆吉的诗歌社团正式成立，三十多个喜欢诗歌的孩子走在了一起。诗歌社团的成员中，不仅有本校各个年级的学生，也有外校慕名而来的学生。

诗歌社团活动分为集中授课、分散创作、作品展示三大类。每周三，诗歌社团集中上一节诗歌课，由周庆吉带领孩子们读诗、赏诗、习诗，不仅学习诗歌的写作方法，还进行小规模的诗歌研讨活动。其他时候都是自由创作时间，学生可以利用自习或休息时间随时创作，而且随时可以把习作交给周庆吉进行分析修改。学生最喜欢的是作品展示课，每个学生都可以诵读自己的作品，体会诗歌创作带来的成就感。周庆吉还会选择一些优秀的学生诗歌作品，推荐给各种文学报刊。随着一首首诗歌纷纷变成作品，学生的创作积极性得到了充分激发，诗歌社团的编外成员也越来越多。

一首首优秀的诗歌，犹如一幅幅无形的画，默默影响着孩子。

我想把自己变成一粒种子/种在春天里/长成小草的模样/随风舞蹈/若是有幸/变成了小花/我会开满整个校园/香飘世界……

周庆吉说："这样的诗句，虽然还透着天真和稚嫩，但是，它带给孩子发现美的眼睛，带给孩子感悟亲情和爱的能力，这何尝不是更高意义上的诗呢?"

如今,周庆吉已经形成了自己的诗歌教学模式:反复诵读,整体感知;感受意象,品味语言;分析比较,领悟诗意;学写诗歌,读写结合;作品展示,自由创作——诗歌教学的延伸环节。而他的诗歌社团也在社会上引起了小小的轰动,临沂的媒体都在传播这样一个诗人、一个教师、一个学生社团的故事。在沂蒙山区这片贫瘠的土地上,周庆吉和他的诗歌社团,犹如山野里一朵迎寒绽放的小花,带给教育一丝春意和温暖。

"青春总会离我们远去,我们应该站出来做一些事来纪念它。"这是周庆吉时常说的一句话。也许,让一个故事接着一个故事不断地完成诗意的诉说,用一首诗歌接着一首诗歌不断地演绎教育的幸福,就是正青春的周庆吉用诗歌诠释的教育。

(原文《周庆吉:把乡村教育写成诗》载于 2016 年 12 月 7 日的《中国教师报》,作者宋鸽、王维审)

在童画叙事中走向专业成长

晁栋梁，"叙事者"教师成长团队成员，"叙事者"管理团队美术编辑，所带领的学生社团获国家级奖励。

"瓶子绘本、创意版画、超轻黏土绘本故事……"在首届海峡两岸和香港儿童绘本高端论坛上，晁栋梁带领孩子们制作的各种作品作为典型进行展示，这些由山东省临沂市枣园小学的学生创作的作品，引起了两岸专家的关注。

爱玩是儿童的天性。孩子们聚在一起，一堆石子、几块泥巴、几根皮筋就可以玩得满头大汗，忘掉一切。但是，爱玩不等于会玩。如何在不压制儿童天性的前提下，将"爱玩"升级成"会玩"，是许多教育工作者亟须解决的问题和探寻的主题。

作为一名乡村小学美术教师，晁栋梁没有太多新奇的理论，所使用的材料也多是废旧物品，甚至连他的工作室看起来都是那么简陋。然而，就是在这样一间由教室改造而成的工作室里，在一些简单的展示台和操作台上，却诞生了一件件超有震撼力的作品。

"牵着学生的鼻子走不如让他们自己走，牵着鼻子就像扼住了自由，自由与想象力有多重要不言而喻。让孩子自由充分地表达自己的创作想法非常重要。"晁栋梁的初心就是这么简单，他的所有努力也都围绕这个目标而展开。

美术，让孩子玩出意义

对于农村孩子来说，美术课是稀缺而奢侈的。回想自己的童年，晁栋梁没有什么关于美术课的回忆，那时的他只有在课余时间才能找到属于自己的"美术时光"，这样的美术课蕴含在玩耍中。"我的童年记忆里有许多难忘的游戏，因为有趣而常常令我废寝忘食。比如玩泥巴，在河边挖泥巴，然后在平整的石头上拍打，再寻找有特点的石头进行'随形设计'，或者捏成各种有意思的小动物，虽然多数时候捏得什么都不像，却自得其乐。"那时，大自然就是晁栋梁的美术启蒙老师。

作为"百年美院"南京师范大学美术专业的毕业生，晁栋梁起初对在乡村学校教书有些不甘，为此颇纠结了一段时日。但是当面对这些孩子时，他立即有了一种责任感和使命感——眼前这些农村孩子就不喜爱美术吗？难道自己不该为这些孩子做点什么吗？想到这些，晁栋梁的心中似乎有了关于美术教学的灵感。

在实际教学中晁栋梁发现，孩子们在画画时，往往喜欢照着老师的示范画或者依赖于临摹，很少有学生能发挥自己的创造潜能。随着年级的升高，孩子们对美术的兴趣也逐渐减退。晁栋梁常常思考，孩子们的想象力、创造力和兴趣都去哪儿了？

"小时候我在玩耍中发现了美术，那么现在我要把玩耍、游戏融入美术，并且要玩出意义。"晁栋梁认为，自己要做的不是把美术技法从兴趣中剥离出来，而是要让孩子们在趣味中感受、体验并掌握相应的技法，在美术主题创作中发现乐趣和意义。

循着自己童年的经历和感受，晁栋梁开启了激发孩子创造潜能之旅，开展了一系列让孩子脑洞大开的美术主题探索。

创意，让废品变艺术

"收废品的来啦……"有人曾这样调侃晁栋梁所教的学生。"不错，我们的孩子就像收废品的。"晁栋梁笑言。KT板（废旧的校园广告材料）、"大米纸"等废旧材料，在他的学生手中变成了宝贝，用废旧材料做成主题创作中的"建筑地基"，然后根据预想的主题场景打造"建筑框架"，最后涂上超轻黏土，超轻黏土就像施了魔法，让整个场景呈现出五彩斑斓的艺术效果。整个创作过程，自始至终都浸润着环保的理念。"孩子们利用身边的废旧材料进行美术创作，本身就体现了一种发散性思维，是激发想象力与创造力的重要途径。以后，孩子们可能会用更多的媒介创作出更有趣味的作品，他们会把这种思维方式带进未来的生活。奇思妙想，无限创意，可以让生活变得更美好。"晁栋梁骄傲地说。

在"流淌在瓶子上的童年时光——瓶子彩绘"创作中，除了鼓励孩子们收集各种样式的瓶子，晁栋梁还尝试引领他们分主题创作，"童年印象""大美临沂""我们的社区""五彩缤纷的花"等系列作品精彩纷呈，孩子们从"瓶子彩绘"中发现了美，并用这些创作来美化生活。

随着课程实践与研究的深入，孩子们对于这门课程的兴趣越来越浓，参与的积极性越来越高，喜欢这门课程的孩子明显增多，很多孩子赋予"瓶子彩绘"作品以生动的情节，逐渐生成了"瓶子绘本"课程，让一个个瓶子呈现出一段段动人心弦的故事。美术与阅读融合，极大地激发了学生创作的兴趣和无限潜能。

合作，让每个人都动起来

近几年，晁栋梁所任职的枣园小学致力于开展"我与童心有个约会"蓓蕾阅读活动，旨在将孩子们带进丰富多彩的童话世界。活动过程中，本土儿童作家边存金的小说《会玩，才有翅膀》一书，引起了学生们极大的阅读兴趣。

学校一直在思考：如何引领学生将以文字形式呈现的童话故事变成可触摸的立体形式，让童话人物从字里行间走出来，将童话故事演绎得更为精彩和直观？这一思考与晁栋梁的探索不谋而合。在学校的支持下，晁栋梁等教师组织学生开展了"童话故事的二度创作"活动。

在"童话故事的二度创作"活动制作现场，师生们有趣互动，孩子们团结协作。

"我们前段时间都读过《会玩，才有翅膀》，并且对书中的全部章节进行了绘画，是吗？"晁栋梁问道。

"是。"

"听说同学们非常喜欢超轻黏土，那我们从现在开始就用超轻黏土来进行阅读怎么样？"

"什么？用超轻黏土进行阅读？怎么阅读？"一个学生小声问道，"是不是把书中非常好的情节捏出来？"

所有学生的目光不由自主地转到了晁栋梁身上，极力想从老师身上找出答案。"你们每个小组都有六个人，现在就请各组组长根据每个同学的特长分配任务，之后考虑一下创作哪幅作品，怎么创作，一会儿各组上报实施方案。"

"老师，我们组由晁凡和张洵负责建筑框架，姜磊负责塑造背景，姜涵清负责故事中其他事物的塑造，朱培森和我负责塑造故事中的人物。"

吴晓宇一口气说完。晁栋梁听了，只是点了点头，并没有过多进行评价。

"在创作时，同学们要考虑所做东西的大小比例、环境、情节、风格与整个主题是否和谐，方方面面都需要小组成员之间密切协作。在创作过程中遇到的问题和困难，尤其是'似与不似之间'的问题，是各组需要重点解决的。"晁栋梁强调道。

人们常说，"一个人走得快，一群人走得远"，这句话充分说明了合作的重要性。只有小组内既分工明确，又互相沟通合作，才能达到共同的目标。超轻黏土主题创作是在不断分工与合作中完成的，合作包括小组内合作、小组间合作和师生互动合作，整个主题创作过程是三种合作互动的结果。每个小组汇报创作方案，教师提出对创作方案的建议，其他小组也会献言献策帮助优化方案。在关键环节，教师参与小组讨论，了解创作情况，有时也会获得意外的灵感启发。

触摸，让认知变立体

想象力是学生在创作过程中的瞬间灵感启发，发挥想象力是创作中极其重要的环节。学生在做超轻黏土创作之前，需要构思创作方案，包括辅助材料的准备、人物及情节的安排、色彩的搭配、故事发生的环境及布局等。学生依据最喜欢读的"童心剧本"——《会玩，才有翅膀》，所创作的六个最感兴趣的主题，并不是完全呈现书中的情节，而是"小导演"们发挥丰富想象力而创造出来的。

在"桃园拔鸡毛"主题中，三个孩子溜进桃园淘气地拔鸡毛，书中的王桃园爷爷当时不在现场，但为了增加故事的紧张感和整体视觉效果，学生们制作了一个长着花白胡子、弓着腰的王桃园爷爷，让他从屋里听到声音后拄着拐杖蹒跚地走出来。在书中，"走红地毯"这个故事发生在教室门口，根据这一场景很难创作出吸引人的画面，于是这个小组的同学灵机一动，将故事内容改成了在教学楼门口走红地毯，这样一来，红地毯周围就被制作出了花园般的效果。该组的同学还特意给书中的主人公小蚊子老师加上了天使般的翅膀，既体现出了小蚊子老师的爱心，也与书名中的"翅膀"及书的内涵相呼应。孩子们不经意间的想象力和创造力总让人惊叹不已。

艺术中所普遍包含的真、善、美必须明晰地转化为个体形象，才更容易为大家所接受。学生们在讨论和制作过程中，加深了对童话故事的理解，真、善、美的感受和认知根植在了他们的心灵深处。

孩子们在晁栋梁的工作室找到了放飞心灵的空间，并用作品呈现出来，还有什么能比这更令人感到幸福呢？这间堆满了五彩缤纷色彩的小画室，不是充满作业负担的教室，而是自信心与艺术灵感完美结合的港湾。在这个港湾里，有一位爱创造的"大孩子"与许多爱想象的小孩子，一起玩，快乐学。这些用汗水浇灌出的充满惊喜与感动的作品，让艺术价值与教育价值完美融合。

"想象力比知识更重要，知识是有限的，想象力可囊括世界。"晁栋梁非常认同爱因斯坦的这句话。面对学生们创作出的一件件充满童真童趣的精美作品，作为指导教师的他"感觉很充实"。

（原文《晁栋梁：让童心故事触手可及》载于 2017 年 2 月 22 日的《中国教师报》，作者宋鸽）

故事改变"我们"

山东省临沂市河东区长春路实验小学是一所农村小学，校长张志刚朴实、憨厚，长得颇有点草根歌手"大衣哥"的样子。虽长得像歌手，但他说得可比唱得好听，他说的故事里有教师，有学生，还有家长。他不仅自己讲故事，还鼓励教师讲故事，因为他坚信，管理就是解放，而"讲故事"恰恰能让教师得到解放，让学生得到解放。现实恰如他所想，透过这些故事，教师们看见了同事、学生、自己。那些发生在教室里的事，那些不经意的瞬间，逐渐变成思考，进而影响到工作、思想甚至心灵。后来，大家不再满足于看见身边的人，开始扩大视野，读书，向着一个澄明的世界前行。接下来让我们走进张志刚的故事，听他讲述教师的故事。

瞧，强势教师来袭——好故事从解放教师开始

教师李娓娓是学校里的一个传奇，她教的两个班数学成绩好，不过这不算什么，更令人惊叹的是，期中考试时间还没到，这个学期的课学生已经全部学完了。对，不仅学完了，而且还复习了一遍。

"我就是这么任性。发下教材，我不看教参，先从课本找感觉，看到第三单元时有感觉了，就从第三单元教起。还有一次，张老师说第四单

元难，我想既然难，那就从最难的内容教起。"在周三的教师"成长教研"故事分享会上，李娓娓自信地说。

"我总是变着法子让学生学。我喜欢买新衣服，也喜欢穿新衣服，所以在学习上，我也不想让学生墨守成规。初学分数的时候，常有学生把分子、分母弄混，我说：分母是爸爸，分子是孩子，分数线是爸爸的肩膀，小时候你是不是常常被爸爸扛在肩膀上啊？如果还有学生弄错，我就会说，爸爸坐到你的肩膀上啦。"可以想象，李娓娓的课堂充满新奇与刺激，学生上她的课就像坐过山车一样，不知道下一刻老师会带给自己怎样的新奇体验。

不过，李娓娓的课堂也有暖风吹拂的时候。"你看，这是我们班的学生，课堂是不是显得比较乱啊？"李娓娓把 PPT 翻到学生围坐在一起的那张。"我喜欢他们这样围坐在一起，学生也喜欢这样放松的氛围。"

"其实，我是个懒人，课上我讲得不多。数学有什么好讲的啊！每个班都有学不会的学生，遇到这样的学生不要着急，找一个'志愿者'单独教他。你看这张照片，左边的学生正在给右边的学生讲题，怎么讲的我不知道，因为我若站在旁边学生就不好意思讲，反正最后他把那个学生教会了。"

李娓娓的教室也有"黑暗"的一刻。记得有一次我去他们学校，她班的学生正在午休，有几个不睡觉的学生坐在大厅里看课外书。教室里厚厚的窗帘拉得严严实实，密不透光，午休的学生已经睡着了。"其他班级的学生可能只有夏天才午休，而我的学生从春天睡到夏天，从秋天睡到冬天。一年四季下来，学生下午上课时从没打过瞌睡。我有一个要求，只要上课，学生必须精神饱满，教师也必须精神饱满，不然，我宁肯不上课，也要让学生先睡觉。"

"我是不是很任性啊？是的，我就是这么任性。上课对我来说一点儿也不累，相反，我享受这种感觉，从没感到倦怠过。"

论坛结束，主持人让我做总结，我感觉自己说得有点多。其实作为校长，我也很享受李娓娓的这种任性。尊重教师的自主教学权，这是必须做到的。

在学校，同样任性也略带传奇的还有二年（1）班的语文教师徐淑娟。

"请读下面几首小诗，我读第一首，每位教师依次往下各读一首，看谁读得最有感觉。"同样是周三，同样是在教师"成长教研"故事分享会上，徐淑娟正在带领大家读诗。

徐淑娟在大屏幕上投影了五十多首她们班学生写的童诗，带领其他教师一一品味后，再给大家讲诗背后的故事。她是带领学生从一年级下学期开始写诗的，如今已有学生开始创作童话故事了。

你可能会问，为什么一年级学生要写诗？教师又是怎么教的呢？我也问过徐淑娟，徐淑娟说："校长，我可没教，再说我也不会教诗，我自己现在还不会写呢！"那么，学生是怎么想起写诗的呢？

这还要从去年学校决定简化制度管理说起。制度只减不增，其中一项变动就是把教师签到制度废除了。结果没想到，签到制度废除后，教师拿学生的需要衡量自己到校的标准，反而到校更早了。被尊重的教师比被管理的教师状态好多了。为了进一步解放教师，学校决定把作业的设置权还给教师。结果，徐淑娟选择让学生写日记。这能行吗？不会揠苗助长吧？家长们在交流群里也七嘴八舌地讨论这件事。当天，徐淑娟就把几篇日记发到了家长交流群里：今天妈妈去赶集，买了一个西瓜，还买了一只小兔子；下雨了，小树淋湿了，小房子淋湿了，我没有淋湿，小狗也没有淋湿，我给它打着伞哪，哈哈！

家长们恍然大悟，原来这就是日记啊！

这些日记太短了，不成文。有教师建议：你看，把这一两句话断开，再加上题目，不就成一首诗了吗？就这样，徐淑娟把学生日记以诗歌的形式发到教师交流群里，群里群外沸腾了。大家感慨地说：你给学生一个机会，学生还你一个惊喜！

是的，但前提是学校要先给教师一个机会。制度简化让我们坚定了一个信念：管理就是解放！只有教师解放了，学生才能得到解放！

只有解放就够了吗？解放会不会成了放任自流呢？

接着，我们给徐淑娟的班级买了一箱童诗，学生也越来越喜欢阅读。徐淑娟说："真没想到，一年级学生因为写作喜欢上了读书。"

这些童诗都是绘本，学生喜欢绘本。为了满足学生的阅读需求，学校建了一个绘本阅读馆。就这样，一所农村学校的学生不仅开始阅读绘本，并且开始创作绘本，还表演了形式各样的绘本剧。

作为学校管理者，我们认识到管理应是顺应，学校要认真发现并主动顺应学生的需要、教师的探索、教育的规律，尽量少干涉教师的自主教学，要做好服务，帮助教师寻找资源、圈子，把教师与资源对接起来，让教师在新的平台进一步发展。

这些年，我们太重视方法的传授了，教学模式满天飞，教师怨声载道。其实，你只需要把教师带到教学资源这个渔场面前，有了资源和兴趣，方法自然会生发出来。可以说"授之以渔，不如授之以渔场"。

猜，"热血教师"哭了吗——故事的背后是什么

教师刘旎今天哭了吗？能不哭嘛，她们班被三年（2）班在足球比赛中踢了个4：0！

你说她哭了，可谁都没看见，但好像谁都知道，我们的"热血教师"今天一定会哭，还有可能哭得稀里哗啦，一塌糊涂。

说起"热血教师"，你一定会想起美国教师罗恩·克拉克，他热情似火，对学生要求非常严格，最有名的是制定了五十五条班规。但刘旎呢，

既没有制定那么多班规，对学生要求也不严苛，但是在我们学校，谁都知道她血液灼热的程度一点儿都不亚于克拉克。

去年我们学校刚刚从一个村小独立出来，区级以上的活动学生基本没参加过，第一次参加的大型活动是全区的啦啦操比赛。当指导教师第一次带领队员们亮相时，刘旎在舞台下站不住了，她说："我得说两句，咱们这个水平肯定不行，咱们要去就得做好。"没想到，像刘旎这样的"热血教师"不止一个，接下来，指导教师由一个人变成了一群人，虽然没有一个教师是专业的，学生也没有舞蹈基础，但是他们硬是获得了第二名。刘旎的热情点燃了其他教师，也点燃了学生们。可是，今天她自己的学生上场，竟然惨败，她能不哭嘛！

不过，虽然刘旎是个争强好胜的人，但她把个人得失看得比谁都淡。不管哪个教师参加讲课比赛，也不管是哪个学科，她都要去听一听，提点建议，帮个忙。而且，每次刘旎总能一针见血地提到点子上，其他教师都很喜欢她。

可是，学生的得失她却看得很重，那是因为她不想看到他们的努力白费。这次学校足球联赛，她班的学生在球场上拼抢了近一个小时，她肯定心疼。

但是，她没有当场掉眼泪。

比赛结束一个小时后，刘旎写了一篇博客《哭过之后》，她在文章中写道：

在这阴霾笼罩的空间和时间里，孩子们给我注入了一股神奇的正能量。张福运的腿被踢了一脚，痛苦地蹲在地上，然而没过一会儿他站起来继续奔跑；张杰的耳朵被撞了，疼到掉下了眼泪，可他在场下休息了几分钟就到我面前嚷着要上场；徐昊岔气了，坚持到实在不行的时候才要求换人；守门员刘国良一开始被对方踢进了几个球，我以为他就此泄了气，没想到他后来发挥神勇，抱住了好几个有威胁的球；刘一辰和张淼钦一直不知疲惫地奔跑；刘士茂和刘凤祥的防守也可圈可点……孩子们，你们是我的骄傲！谢谢你们！我会陪着你们长大。

看来，刘旎的确哭过了。哭，说明她心底柔软，情感奔放，生命的激流在身体和心灵里奔涌。有位教育专家说：每所学校都要有自己的精气神，每当置身于一所优秀学校，总是感到校园里有一种奔涌着的、富有生命的东西不断撞击着自己的心灵，它使你感动、兴奋、激越、升腾，这种能唤起、激发学校成员的崇高情感和进取心的东西就是"学校精神"。

同样哭得让人动容的还有教师于雷。这位男教师，在 3 月 8 日那天竟也哭得泪流满面。

3 月 7 日下午放学后，学校教师服务部组织全体男教师召开了一次秘密会议，商量第二天如何给女教师一个节日惊喜。副校长刘汉林联系自己的同学送来一车鲜花。第二天，男教师们早早到校，在校门口帮女教师推车、送花。有一位来学校支教的女教师还收到了爱人送来的戒指，看得大家都掉了眼泪。中午，教师服务部又给每个女教师分发了小食品，惊喜不断。这些连我这个校长也不知道。

在这次送花过程中，有个细节特别感人。左老师今年就要退休了，她说，这是她这辈子收到的第一束花，自己一整天都很激动。到下班的时候，左老师给大家献唱一首，她载歌载舞的样子真是美极了。这可是农村老教师啊，这种发自内心的表演我是第一次看到。

故事到这还没有结束。因为花多，男教师们也得到一束，可以回家送给自己的爱人。第二天，我们就看到于雷在博客里深情地诉说自己对一直默默支持自己的爱人的感谢，从字里行间我们读到了于雷的深情，他说自己落泪了，但是这泪水流得值。

写教育叙事是学校教师专业成长的重要途径，为了讲好故事，把学校交给故事，学校加入了全国"叙事者"联盟，自发成立了"叙事者——河东联盟"，负责人是学校教师服务部主任。教师们每月共读一本书，每周六提交一篇教育叙事，平时还有线下交流。专业成长的背后是故事，故事的背后是有品质的教育生活，生活的背后是真教育。

在面对职业倦怠与精神危机时，故事让我们实现了自我救赎，发现了自身价值，实现了精神的富足，进行了自我的二次深层解放。

向学生学习的故事——故事的魅力不止于传播

"把对手当成敌人，就多了一个敌人，把对手当成朋友，就多了一个朋友。"说话的是尹梦，一名六年级学生。今天她扎着一根麻花辫，校服非常干净，微笑着，眼睛里仿佛有光。

今天又是周三，12 点 20 分，在学校会议室里教师们像往常一样自发地聚集在一起，分享自己的教育故事。主讲教师已提前报名，上周三分享故事的教师成为这次的主持人，不用打招呼，故事按时开讲。尹梦刚参加区足球赛回来，今天本该她的教练刘学德分享球赛的故事，可是刘学德说，要听学生的故事，就得请学生自己来讲。

尹梦是学校足球女队的队长，赛场上很拼，胜过败过，哭过笑过。当尹梦讲到男队有个男生受伤退场后被对手连进两球，这个男生自责地跪在地上时，她哭出了声。接着，她又讲出开头的那句话，会场变得更安静了，坐在下面的刘学德不停地擦眼泪。

"把对手当成朋友"这个故事，就这样在每个班级传开了。

自从尹梦在教师"成长教研"上的演讲取得成功之后，学生服务部便每周举办学生"成长沙龙"，现在"成长沙龙"已经成为学生口才、德育、审美培养的一个多姿多彩的平台。学校的好多故事就是从这里飞出来的，也警醒着教师、学校，应该从学生的角度去反思并改善教学与管理。

故事的魅力不止于传播。走进故事、成为故事、演绎故事是教师的成长之道，也是教学之道。

自从教师"成长教研"开讲以来，一直遵循一个奇怪的规律。一开始，教师们大多讲的是教育理想，把教学前景描绘得很浪漫，对教育和学生充满了憧憬，这些憧憬就像建大楼的效果图一样，靓丽多彩。这个时期我称作"理想期"。可是讲着讲着，教师们从理想的丰满中回到了现实的骨感上，开始抱怨和批判学生、家长、学校，最后是自己，越批判越深刻，就像拆迁工地，开扒、推倒，满目疮痍。我把这个阶段称作"批判期"。这个时期，教师们听着"吐槽"很过瘾，管理层却听着不太舒服，其实这是一个非常重要的阶段，与"理想期"相比，是一个很大的进步。建设前的效果图再漂亮，还是得先拆迁、开挖。过了一段时间，在这个被推倒的"工地"上，渐渐会有新的"建筑"重建。这就自然地过渡到"建设期"。学校教师"成长教研"的建设期就是从徐淑娟开始的，后面接着有许多教师也进入了"建设期"，他们在教学认识、教学方法、课程重建方面都达到了一个新高度。三个阶段循环往复，不断提升。后来，我们发现教师的教育叙事写作也有类似的规律。

故事也有季节性，因为符合生长规律，这些故事得以绽放，教学方法、课程、管理方式、学校文化得以持续从学校内部生发，教师、学生、学校都成长为自己最想成为的样子。

就这样，好故事越来越多，为了管理好这些故事，学校成立了教师服务部，每月评选"好故事教师"，每年评选"创造好故事年度教师"。这些故事不仅影响了学生，也影响了家长，现在我们每月还会评选"感动校园的好故事家长"，学校教育正通过故事承担起家庭、社会教育的功能。

（原载于 2017 年 03 月 22 日的《中国教师报》）

叙事研究的团队化推进策略 第五章

近二十年来，我一直在坚持叙事研究，纯粹地、痴迷般地独自坚持。2016年1月，我开始尝试进行叙事研究的团队化推进，倡导成立了"叙事者"教师专业发展共同体，意在解释叙事研究对教师群体的成长价值，探究叙事研究对促进教师专业发展的正向作用。

"叙事者"的团队成长叙事

如何定义"叙事者"

如果从整体上来描述"叙事者"，其发展历程基本上可以分为三个阶段——

一个人的称谓。最初的"叙事者"是对我个人的一种称谓，也是媒体和社会对我个人在叙事研究之路上持久行走的一种认可。自参加工作至今的二十多年中，叙事一直是我个人成长的支撑力量。从教育叙事写作到叙事理论研究，从班级管理的故事法尝试到系统的叙事德育模式建构……一路走来，我始终坚守的就是"叙事"这样一条路径，所以我自认为自己是一个始终行走在教育之路上的"叙事者"。这一称谓，也得到了众多媒体的认可与推介：《中国教师报》以《准备好一颗愿意成长的心》为题报道我的个人成长之路时，便提到了"叙事者"这一说法；《师道》杂志更是以《叙事者：是根就有青草漫坡的心》为题报道了我在叙事之路上的付出与努力，正式将我个人称为"叙事者"。

教师成长小团队。2010年起，我开始尝试组建一些小的教师成长团队。这些成长团队大都依托于某一所学校，借助学校的力量组织部分教师参加，人数一般十几人。其主要活动就是共写教育叙事，团队的理想就是通过教师叙事达到成长教师的目的。几年中，这样的小团队达到了二十几个，虽然存在于不同的学校，但其名字都以"叙事者"命名。"叙事者"教师成长团队（简称"叙事者"）在最初的时候，确实推动了一些教师的成长，也引领部分教师走上了叙事研究、叙事成长之路。但是，这种基于学校行政的小团队，存在着许多弊端：一方面，由于团队规模比较小，无法进行系统的成长培训，再加上部分教师加入团队并非出于自愿而是迫于学校的"压力"，所以团队成长动力不足；另一方面，同一学校内，由于存在着竞争关系，教师基本上处于孤军作战的状态，教师之间的协作存在着一定的局限性，如教师遇到好的教育资源与经验，在与同事交流分享时会有所保留，教学中遇到了问题，往往倾向于自我解决，这就使得真正的"抱团成长"无法产生。

全国性成长共同体。2016 年 1 月 23 日，我发起了为期一个月的寒假叙事写作挑战活动，吸引了全国各地的四百余名教师参与挑战。以此为契机，挑战团队于 2 月正式成立"叙事者"教师成长团队。在"叙事者"教师成长团队的常规行走中，不断有教师以个人身份加入，也有部分教师成长团队整体加入。这样一来，整个团队便包含了不同层次的分支团队，初步具备了"共同体"的性质。2016 年 7 月，"叙事者"教师成长共同体的核心成员达到 1400 人。《中国教师报》《师资建设》等教育报刊均在第一时间报道、推介了这一民间组织。至此，"叙事者"成为一个全国性民间教师成长组织的名谓，成为一个引导教师专业发展的教师学习共同体。

所谓"学习共同体"，是指由具有共同信念、共同目标的学习者及其助学者（包括教师、专家、辅导者等）共同构成的团体，在知识共享和同伴支持的基础上，通过参与交流、协作、反思等活动，同伴之间形成相互影响、相互促进、相互竞争的人际关系，最终促进个体的成长，以达到有意义学习的目的。时至今日，教师学习共同体日渐成为教师专业发展的新范式，它的非制度化运行模式，将研究的视角进一步深入共同体每一个成员的成长领域。与行政体制下的制度化运行团队相比，它更具有实践意义和理论深化的价值。

这一点，正是叙事者所追求的理想境界，也是叙事者孜孜以求的目标。

"叙事者"的四大常态行走方式

"叙事者"实行课程化的成长引领方式，其成长课程以月为实施周期，主要内容分为以下几个方面：

一是，"叙事者·悦读"。"叙事者"坚持每月共读一本书，读书的主要环节包括荐书、读书和品书。一是荐书。读书项目管理团队在 QQ 群里发布阅读书目征集通知，团队成员每人推荐一本自己最喜欢的书；管理团队选取推荐次数比较多的前三十本作为候选书目，通过公众号进行投票；最后由专家团队依据投票结果和阅读需要确定每年度的阅读书目，并进行公示。二是读书。正式阅读之前，管理团队在 QQ 群内通过认领的方式确定每本书的领读人。正式阅读分为自由阅读和聚焦阅读两个环节。每个月的前三周，属于自由阅读时间，在领读人发布的"启动导读"引领下，团队成员独立进行自主阅读，并把阅读过程中的心得和困惑在 QQ 群内分享；第四周属于聚焦阅读时间，领读人公布"问题导读"，提出若干帮助阅读的问题，团队成员带着问题进行反刍式阅读，实现对一本书的深度阅读。三是品书。在第四周周末的固定时间举行"线上书吧"读书交流活动，交流活动结束后，每人撰写一篇读后感。

二是，"叙事者·共写"。撰写教育叙事是"叙事者"团队成员的核心成长作业，每位"叙事者"成员每月至少提交三篇教育叙事，每篇教育叙事的字数要在八百字以上。成长作业需要在固定时间、按照标准格式提交，具体时间为前三周的每个周六的 6：00—24：00。"叙事者"成员所提交的成长作业，均为个人一周之内所撰写的教育叙事中最好的一篇，具有一定的欣赏价值。"叙事者"的"成长作业"在 QQ 群内展示交流时，每个人都可以去阅读点评，从中汲取营养。这一过程，本身就是一种成长和激励，是鼓励每个人坚持写作的过程。"叙事者"的公众号上专门设立了"叙事者精编"栏目，每天定时推出优秀成员的教育叙事。另外，为了激发团队成员的写作热情，管理团队还定期与报刊编辑部合作，以专刊、专栏的形式刊发叙事者的优秀文章。这些措施都极大地激发了团队成员的写作热情，成为支撑他们走下去的重要精神力量。

三是，"叙事者•讲坛"。每月的第二周周末，由管理团队邀请团队外名师来参加"名师讲坛"交流活动，或由团队内的优秀教师进行特色展示。"叙事者"团队成员需按时参加线上活动，并积极参加互动交流。

四是，"叙事者•研究"。每个"叙事者"成员根据自己的特长和喜好，参加一项叙事研究项目，比如叙事型班会、亲子叙事共写等；"叙事者"内部设有不同研究方向的专业研究坊，为团队成员走上叙事研究之路搭建平台。

我们之所以选择阅读作为课程内容之一，主要是考虑叙事写作与阅读之间无法割舍的互动关系。选择"名师讲坛"的原因，则是希望通过"聆听窗外的声音"，让团队成员不断拓宽自己的视野，寻找到成长的方向。当然，教育叙事写作与叙事研究才是"叙事者"团队的核心课程，也是"叙事者"标志性的成长模式，其他的内容都是为完成这两个项目所进行的基础性"学习"。

"叙事者"如何阅读一本书

为什么要共读一本书

有一所学校，刚刚成立了教师读书会，校长邀我参加了他们的启动仪式。在与老师们交流时，一位老师说："阅读是一件很私人的事情。"意思是说，阅读是一个人的事，不适合一群人聚在一起共读。我觉得，这种说法对，也不完全对。

在我看来，阅读可以分为非专业阅读和专业阅读。非专业阅读就是读自己喜欢的书，你喜欢小说，我喜欢散文，读点励志的鸡汤，瞥几眼旅游散记。这样的阅读自然可以由着自己的性子来，确实算得上是件"私密"的事情。专业阅读则不然，在很多时候是读"有用"但自己未必喜欢的书。有些书，因为专业成长的需要，不管喜欢与否，都必须逼着自己读下去。这个时候，团队共读就显出了独特的优势。概括起来说，大概有以下三点：

一是获取力量。在小区里，我遇到一个不愿意去上学的孩子。妈妈用尽了各种诱惑，买好吃的东西、漂亮的玩具，都无法说服孩子去上学。我问孩子："为什么不想上学呢？"孩子说："不好玩，不想去。"我问他："楼上的小雨雨干吗去了呢？"他说："上学去了！"我又问："楼下的萌宝呢?"他回答:"也上学去了!"我说:"你看,像你一样大的小朋友都在上学呢!你是不是也应该去上学呢?"他想了想说:"好吧!"然后背起书包跟着妈妈上学去了。

其实,能让这个孩子去上学不在于我的"能言善辩",而在于环境的力量。人是很容易服从于环境的,周围的人都在做这件事,你也就会自然而然地去做这件事,这就是环境带给人的影响力。而团队共读最起码的优势就在于,它可以让你置身于一个阅读的环境之中,并在不自觉中走向阅读。当然,这只是团队共读最基本、最基础的力量。事实上,与团队成员共读一本书,还可以帮助你获得更多力量:比如榜样的力量,团队之中肯定会有走得快的人,这些人可以督促你加快步伐;比如同伴的力量,更多的时候,一个人行走的勇气来源于同伴间的相互鼓励、监督,甚至是相互"不服气"。

不得不承认,人是有惰性的,需要相互间的邀约。拿起一本书读不了几页,就不愿意再读,这就是惰性。大家一起去读一本书,就多了抱团取暖的诗情,也有了你追我赶的画意。无疑,这是个体无法产生的一种力量,必须绝对依靠团队和群体。

二是形成能力。有时候,我们下定决心要去读一本书,也积攒了足够多读下去的力量。但是,读着读着却再也读不下去,这就不是缺少动力的缘故了,而是缺少读书的能力。有人可能会说,阅读谁不会,只要认识字,能从头到尾读下来,不就行了?严格起来说,这不是阅读,充其量算是浏览。阅读不仅仅是识别文字,也不仅仅是和文本对话,而是要从文字中读出独到的理解和感受。

我一直认为,并不是每个人天生都具有阅读的能力,阅读需要引领,需要培养。这一点,在专业阅读中体现得尤为明显。很多专业书籍比较艰涩难懂,倘若没有丰厚的底蕴,没有足够的专业能力,一个人去读的话,极易因"读不懂"而停滞。而团队共读可以给予成员能力上的支撑:

一方面，团队共读一本书时往往会有一位领读者，由这位对所读的书极具话语权的人带领大家一起读，就大大降低了阅读的难度；另一方面，同一本书，一百个读者就会有一百种理解，每人一种认识，每人一个观点，汇集起来就完全可以让一本书变得通透。这两点，是"一个人的阅读"所无法企及的。

更重要的是，在团队中耳濡目染的这些阅读技巧，会一点点沉淀成教师的阅读能力。一个人从无知到知之甚多，很多时候不是依靠倾盆灌入的方式实现的，而是一个慢慢积攒、慢慢熏陶的过程。

三是走向专业。人只有具备了足够的阅读能力，才有可能走向真正的专业阅读。从这个意义上来说，团队共读是帮助一个人形成阅读能力、走向专业阅读的"孵化器"。那么，什么样的阅读才算是一个人的专业阅读呢？我觉得至少要有这么两点：一是要有自己的阅读架构，知道自己可以读什么样的书，应该读什么样的书；二是要有自己的阅读方式，懂得如何去读一本书、一类书，如何在阅读中尽可能地获得更多的东西。从实践上来看，这两点都可以在团队共读中慢慢习得。

当然，我们强调团队共读的意义，并不意味着团队可以成为每个人永远的依靠。这包含了两层意思：首先，团队共读代替不了自己的努力。其实，一个人的阅读也罢，一群人的共读也罢，要想一步步走向专业，都需要自己的长久努力。忽略了个人的努力，再优秀的团队也无法把你带向成功。毕竟，团队只是帮助你获得成长的一个环境。其次，团队共读不会长久地完全存在于你的阅读生命之中。跟着团队行走一段时间以后，如果你个人的阅读能力形成了，有了自己的专业阅读行动，你就有可能离开团队独自行走。即使不离开，你肯定也会有自己私密的阅读空间。也许，共读只是带你走上"一个人的阅读"的一段旅程。

而"叙事者"共读一本书的目的，也即在此。

吴非老师走进"线上书吧"

"线上书吧"是"叙事者"共读一本书的关键环节。最初的时候，"线上书吧"由领读人主持，带领团队成员一起深度交流阅读感受或困惑。为了让交流更加深入，我们尝试与教育专著的作者取得联系，邀请作者参与到交流活动之中。

2017年3月，"叙事者"共读的内容是吴非老师的《不跪着教书》，我们有幸邀请到了吴非老师参加读书活动。在"线上书吧"中，吴非老师与团队成员进行了对话交流，有很多内容引发了成员们的思考。为了让更多人感受到吴非老师的智慧，我把其中的部分对话摘录如下：

1. 在现行体制下，学生不能打、不能骂、不能批评、不能体罚，于是出现了越来越多"老师讲课，学生想听就听，不想听就随意做自己想做的事"的现象。究竟怎样才能让学生的心静下来，做到真正的学习？

吴非：我认为解决这个问题的关键还是在于教师的教学修养。教师要知道"教什么"和"怎么教"，要能激发学生的学习兴趣，能反思自己的观念与方法，不要急躁，不要总是埋怨学生。

2. 刚工作的时候，有一个老教师对我说："不打学生的老师不会成为好老师。"而我觉得让学生表面害怕、内心抵触，是教育的失败。但是，有时候总感觉同事对我不理解，学生也有点钻空子，我要怎样把握这个度呢？

吴非：那个教你打学生的"老教师"，你离他远一些。学生当然可以"教出来"，教学是教师教学生"学"，而不是一个人通过野蛮方式压服另一个人。你的这些同事读书时可能有过不幸的经历，因而成年之后缺乏正常思维，这正是教训。教师不能展示愚蠢。

3. "不跪着教书"的老师教出来的学生，必定具有批判精神，甚至与社会格格不入。当他们走出学校走向社会，发现所面对的现实和理想出入比较大时，他们该怎么调整自己，以便较好地融入这个社会呢？您会怎么开导他们，使他们的认知重新平衡呢？

吴非：当今之世，教师也许只能保证自己的课堂不猥琐。学生正直而不见容于社会，是社会之耻辱、民族之耻辱，而未必是教育的失败。

4. 有句话叫作"无商不奸"，品德高尚的人估计也从不了商；人不会来事，怎么当得了官？难道不跪着学习的学生，将来只能回到学校这块"净土"来跪着教书吗？他们的出路何在？

吴非：我认识一些正派善良的商人，也认识一些正直的官员。社会没有那么坏，所以我们可以做好人。把社会说得太黑暗，个人就有可能为堕落找到自以为合适的理由。

5. 我在生活中，有时多说了几句话，就会惹得领导不高兴，甚至怀恨在心，打击报复。现在，我只管埋头干活，凡事三缄其口，上上下下倒是和谐了，不知这是进步还是退步？

吴非：我所在的学校，好像没有什么人排挤我，如果有，那也是出于私心。我做事有正确的目标，没有私欲，同时，我有自信，从不乞求人们理解我。我对权力毫无兴趣，只想做教师，每天上课，也许这是校长们对我最为放心的地方。——说实话，我极其厌恶官场。人只要一进入那个序列，就得"看脸"，一级级地看。见到高一级的官员，往往战战兢兢，毕恭毕敬，不敢出一言。这太屈辱了。在现行体制下，我始终不认为掌握权力是一件愉快的事，也从不劝学生去谋一官半职。

我在学校多年，从没有获得过外出进修学习的机会，一次也没有；我并不认为是行政人员压制报复我，我想，他们也许认为我是个有很强的自学能力的人，不像其他教师那样需要学校不断提供去进修的机会。

6. 更多普通的、没有多少话语权的老师，怎样才能不屈服于现实的压力，让自己真正站立于自己的岗位上？

吴非：我从大学毕业后当教师直到退休，一直在上课，一直是"普通教师"。我可能比较在意职业尊严，认为任何损害、侮辱、亵渎教育的行为，都是对"人"和"教师"的损害、侮辱、亵渎。一个人若没有职业尊严和职业精神，活着的意义也将很有限。

7. 我是高中语文老师，想请教一个问题：绝大多数男生从初中时就不爱学语文，他们还认为不学习语文不会影响成绩，我该怎样教育他们？

吴非：这和性别未必有关系，"不学不影响考试"，说明语文考试的形式及要求都有待改革。此外，语文教师应当有个人的教学智慧。当然每个班都有轻视语文的学生，教师尽到教育责任后，可以尊重学生及家长的选择。——无论如何，教师千万不要哀求学生学语文。

如何安放我们的读后感

每读完一本书，团队成员都会撰写一篇读后感，这些读后感怎样才能在更为广泛的领域进行传播呢？"叙事者"成立之初，我们专门申请了微信公众号，通过网络平台推介团队成员的读后感。2017 年 2 月，我们共读了《奇迹学校》这本书。3 月初，团队成员的读后感陆续在公众号平台推送。

2017 年 3 月 15 日，我意外收到了《教育文摘周报》张北北老师的信息，希望在第九版的"经典品读"上为叙事者做一期专版，刊发团队成员撰写的《奇迹学校》读后感。在这一期专版中，张老师以"1＋7"的形式刊发了部分读后感："1"是一篇完整的读后感，"7"是7篇读后感的精彩片段。自此，团队成员的读后感开始实行"网络＋专版"的双重推介模式。

下面，我将3月29日刊发的专版中的一篇读后感实录如下：

"读万卷书不如行万里路，行万里路不如阅人无数，阅人无数不如名师指路，名师指路不如自己去悟。"这句话写出了人生成长的不同层次，也写到了解决问题的不同路径。黛博拉把此话中的每一种做法都做到了极致。她博览全书，但不唯书，她解决问题更是基于现实而不是纸上谈兵。遇到问题时，她首先从书中探寻路径，然后去请教相关的专家，无论他在天涯海角，无论他是什么身份，她总是执着地去寻求解决问题的最佳路径。

创办学校后，她知人善用，充分发挥老师们的聪明才智。她相信老师，让老师们摸着石头过河，既注意发挥像"瑞贝拉""尼克"这样的明星教师的引领作用，又让大家群策群力。她信任老师，在"问责制"的基础上，放手让老师自己去做事，积极践行"让人才成为核心竞争力"的理念。

为吸引并培养有才能的老师，他们建立了一种学习文化、团队合作文化和自主权文化兼具的工作文化。学习文化，让老师们通过协作不断地改进教学，大家在"研究课例"中相互学习，共同提升，同时也渐渐明白，"最好的学习就是亲自去做、犯错误并在协作帮助下改进自己的做法。这是一种良性循环：在课程的改进中，老师们的专业性也得到了提高，两者相互制约，也相互促进"。团队合作文化，让老师们相互支持、尊重、欣赏，愉快地相处。自主权文化，让老师们不仅能表达自己的想法，还能自由地做重要决定，并对结果负责。这和陶行知的"知行合一"的教学思想如出一辙，只有在

"做"中才能发现问题，找到解决问题的最佳路径。

"橡皮擦事件"是团队合作文化的具体体现。优秀的八年级历史教师贾斯汀上完课，发现"罗格斯"教室里的新老师简一转身，就有孩子朝教室前扔橡皮，地上已有十块橡皮。就是这么一件看似微不足道的事，却引来了十四名老师在该班驻足。教学主任阿朱带头教育孩子，其他老师配合教育。这无形中，给了孩子强大的心理压力，让他们清楚地知道这种行为不仅破坏了环境，也是对老师的极大不尊重。于是便有孩子主动说，把教室打扫干净，每位同学给老师写一封道歉信。更有一个孩子自责地说："我们失去了你们的信任。"

"橡皮擦事件"不仅深深烙在了孩子们心中，也深深震撼了新教师简和其他所有老师。诚如黛博拉所说："老师之间的相互支持是我们团队文化的核心。但我们的文化远不止这个：我们的团队文化最深层次的要求是他人利益高于自我利益，以学生的需求为首。这就像家人之间那种无条件的爱，当你以他人的需求为首时，你会获得更多。我们的这种团队文化最终也影响了学生，因为他们最容易从身边大人的行为中获得启发。"

这些学校文化的建立，源于对老师的尊重，"只有先尊重老师，学生才能获得尊重"。

无独有偶，北京十一中学的校长李希贵也认为"关注学生应该先从关注教师开始。教育是塑造人的事业，塑造学生美好的人生。这个目标，只能通过教师来完成"。"用幸福才能塑造幸福，用美好才能塑造美好。任何关爱，只有通过人的传递，才显得真切、动人，谁都没有办法改变。一位教师，在校园里、在课堂上于举手投足间，潜移默化地影响学生。他可以春风化雨，也可以让学生'近墨者黑'……"只有"教师第一，学生第二"才能真正实现"学生为本""学生为中心""学生为主体"的目标。

我更希望自己和同仁们都能成为"瑞贝拉""尼克"这样的明星老师，不管外面的世界多么喧嚣，都能守住教育这方净土，"像对待自己的孩子一样对待学生"，用平生所学"成全学生"，让每个孩子的生命都能饱满绽放。

（临沂商城实验学校　徐敏）

"叙事者"的叙事写作之路

"叙事者"倡导阅读与写作并重，大概缘于我对阅读与写作之间因果关系的进一步思考。通常，我们会以"读书破万卷，下笔如有神"来佐证读书对于写作的意义，强调阅读量对于写作能力提升的促进作用。但是，我们也经常看到，有的人读了很多书却写不出成型的文章，也没有获得专业上的显性成长。这是为什么？从某种意义上来说，大概是因为缺失了写作这一过程。我认为，写作是阅读的继续和深化，是写作者将阅读带来的输入知识与自身实践进行重构与再造的过程，是帮助阅读走向更高境界的必由之路。也正因为此，"叙事者"将写作列为最重要的行走方式，坚持引导成员走团队共写之路。

写什么：团队共写的理性选择

我的建议是从教育叙事写起。简单地说，教育叙事就是讲故事。教师在讲故事的过程中对自己的教育生活进行再现、反观和审视，发现细微之处的教育蕴涵，从而把思维引向个人教育生活的深处。

适合一线教师的自我成长方式。教师要想更快更好地成长，一方面需要通过阅读、培训和学习等方式不断地吸收外来的教育资源，借助外力来触动、修正、提升个体的教育实践；另一方面需要通过对自己的教育生活的主动反思，借助内在的自主力量来觉察、修复和完善自己的教育经验。在具体的实践中，我们往往十分重视对教师的外在培养，而很少关注对教师自我成长的引导。教育叙事记录的是身边人、身边事，反思的是教师亲身经历的教育实践，是教师最容易接受的一种自我反思形式，也是一线教师最容易实践的一种写作文体。

带有研究性质的专业成长方式。教育叙事所强调的"讲故事"不同于日常生活中的讲故事，写作者不只是单纯地讲述自己的教育经历，而是需要在理性的参与下，对教育生活进行意义上的梳理与提炼。教育叙事的基本实现思路是：选择恰当的主题，切入教师的日常教育生活，对教师的亲身实践加以选择、整合、贯通，从而在一种基于教师的亲身实践的叙述之中透析种种关系，解析表面现象背后所隐藏的教育原理，从而使教师的实践与理解力均获得生长。从这个意义上来说，教育叙事带有研究的性质，是一线教师最容易实现的一种行动研究。这种研究，不是被规定的、被要求的，而是教师自发的、自主的、可以独立实施的一种普适性研究。

提升日常教育生活品质的方式。日常教育生活的重复性，会在一定程度上导致教师的教育实践停滞不前。当一个教师越来越多地沉溺于琐碎而庸常的日常教育生活之中时，他的生命状态必定是低迷的、低质量的。如果我们不能从日常教育生活中找到生命的意义，它就有可能成为我们生命之中必须要承受的压力和负担。无疑，这就是教师出现职业倦怠的深层次原因之一。教育叙事可以帮助教师以反思者的姿态对人生的丰富性进行发现和认同，让教师个体的生命痕迹变得生动有趣，富于生命气息，使看似平淡的日常教育生活显现出意义和价值。

基于以上思考，"叙事者"把教育叙事作为团队的基础性写作形式，倡导全体成员从教育叙事写起，在培养写作习惯的同时，逐步形成教师专业发展必需的观察力、反思力和文本表达能力，为教师以后进行专业研究奠定基础。

怎么写：团队共写的基本策略

"叙事者"是基于网络平台开展活动的民间教师专业发展共同体，其成员遍布全国各省市，既有教师以个人身份申请加入的个体成员，也有以小团队为单位整体加入的团队成员。这种跨区域、大范围的团队共写的最大优势是能够开辟一条"面向全体、凸显特色"的行走路径。经过一段时间的探索，"叙事者"的团队共写形成了以下不同层面的推进策略：

提交成长作业

"叙事者"在成立的第一天，便提出了"成长作业"的概念，要求全体成员每周提交一篇教育叙事，作为参加团队共写的基本条件。按照章程，"成长作业"在每个周六的固定时段，按照"文章题目＋博文链接地址"的格式发布在 QQ 群中。"叙事者"成立专门的管理团队，对成员的作业进行汇总、检评与考核，以此来约束和督促全体成员"齐步走"，通过外在力量来保持团队共写的基本动力。

搭建成长平台

写作是一件很寂寞的事情，"叙事者"又是一个没有任何行政约束力的民间组织，倘若没有激发成员坚持写作的激情的配套措施，团队共写就很难坚持下去。于是，"叙事者"通过各种方式不断搭建成长平台：

一是"叙事者"的自设平台，主要包括 QQ 群、博客、微信公众号等。成员的作业发布在 QQ 群内后，首先会获得其他成员的浏览和评判，然后会被管理团队链接到"叙事者"博客，吸引更多的人进行围观。"叙事者"还专门设立了编辑部，对成员的作业进行筛选，把优秀作业提供给"叙事者"微信公众号的负责人，进而对外推送。对于写作者来说，其坚持写作的最大动力就是自己的作品有人阅读和欣赏，能够在一定范围内得以传播。"叙事者"就是通过上述的一些平台，给每个成员的作品以被围观的机会，促使其产生继续行走的内动力。

二是教育媒体的合作平台。文章发表是每位写作者的追求，特别是对于从未发表过文章的一线教师来说，自己的文章能够在正规的教育媒体上发表，将会是一种巨大的推动力量。"叙事者"会定期推选出最优秀的作业，进行必要的修改后推荐给教育媒体。同时，"叙事者"积极与优秀媒体合作，通过组织团队成员进行主题写作、开展主题征文、开设专栏专版等方式，让每一位成员都可以获得成功的奖励与馈赠，从而永葆写作的激情和热情。

三是引领成长的培训平台。"叙事者"在每个月的第二周的周六晚上都要举行一次"叙事者·讲堂"活动，邀请教育领域的名师通过网络为全体成员授课。在这个活动中，有三分之一的授课内容与教育写作有关，实现了对团队共写的高位引领。同时，在写作方面成绩突出的团队成员，也会受邀为同伴传授个人的写作体会与经验，这种来自身边的榜样示范，往往更容易引起触动与共鸣，也为团队共写提供了技能和精神上的双重支持。

开展线下活动

"叙事者"是以网络为主要平台的成长共同体，不宜开展大规模的线下活动。但是，共同体中那些以团队形式整体加入的分支团队，纷纷开展了丰富多彩的线下活动，形成了富有个性的成长方式。"叙事者·望亭团队"就是其中的典型代表。"叙事者·望亭团队"是苏州市相城区望亭中心小学组建的一个读写团队，于 2016 年 3 月加入"叙事者"，他们的线下"改文"活动颇具特色。

"叙事者·望亭团队"在提交"成长作业"之前，团队内部会先对全体成员的作业进行评改。"改文"活动共分为三步：一是指导性初评，由团队导师对所有成员的文章进行初次评改；二是定向性互评，由小组长负责组织结对子成员进行互评互改；三是集体性共评，团队成员推选出一两篇典型文章，由全体成员共同评改。这种面对面的评改，针对性与时效性都大大提高，极大促进了成员的写作能力的提高。借鉴这一做法，"叙事者"开始尝试组织线下写作互助活动，指导共同体内部松散的个体成员，依托地域优势或者共同特质结成写作互助组，弥补网络平台的劣势与不足。

唤醒：团队共写的附加价值

团队共写的成果绝不仅仅是教师写作能力的提升，更不是文章发表数量的增多。在"叙事者"看来，团队共写带来的附加成长效益比写作本身更具价值。

在今天，教师的职业倦怠越来越成为阻碍教育事业发展的顽疾，国家也尝试通过各种途径来调动教师的积极性，职称改革、人事制度改革等措施在激活教师工作积极性方面起到了一定的作用。但是，倦怠属于心理范畴的问题，不清除教师内心里的厌倦与消沉，就不可能彻底解决这一问题。团队共写的过程中，成员彼此之间交流、分享，营造出了一种勤奋向上的成长氛围，让本来持观望心态的老师不由自主地进入写作状态，这是一种唤醒。

其实，唤醒还有另外一重递进的含义。人一旦进入持续的写作状态，心灵就会在反思中慢慢变得宁静，内心的焦虑、愤怒和不安也会随之消解，最初的那份教育情怀和诗意就会被唤醒。其实，唤醒是对倦怠最好的疗愈。任何一个人，只要踏入了教师这个行业，就必定会有干一番事业的雄心壮志，也一定会有育天下良才的理想抱负。只不过，随着岁月的磨砺、尘世的喧嚣，很多人悄无声息地把这些慢慢隐匿到心底。只有当心灵再一次被宁静包围，情怀才有可能被唤醒，进而得以重塑。

"叙事者"与名家面对面

"叙事者·讲坛"的主讲人，既有来自一线的特色教师，也有享誉全国的名师大家。2016年12月，"叙事者"有幸邀请到著名学者张文质先生做客名师讲坛。张文质先生以哲理性的语言，同老师们分享了他的教育思想——教育是慢的艺术。

张文质做客"叙事者"（一）

当王维审老师告诉我《教育是慢的艺术》一书被列入"叙事者"团队12月份的共读书目时，我感到特别高兴，也特别期待能够跟大家分享我对教育的理解。

说起来，"教育是慢的艺术"这个概念的提出已经有十几年了。2002年，在福建的生命化教育团队组织的一次乡村研讨会上，我第一次提出了这么一个思考。其实，我从事教育工作有三十多年了，三十多年来，我关注和研究教育的历程挺有意思：我大学毕业后，从事的是成人教育；九十年代初，开始从事中等职业教育；九十年代中期，逐渐介入基础教育。我对基础教育的研究又是从高中教育到初中教育，再到小学教育。

而这十来年，我更多的注意力是放在家庭教育领域。所以，有些朋友跟我开玩笑说，在教育研究方面，我是节节败退，一直往下退、往后退，现在是退到了家庭教育。说到这里，我想表达的观点是——看上去是退，其实未必是真的退。在往后退的过程中，我反而找到了教育的重心所在。这个教育的重心，如果要用一个词来概括的话，可能就是生命，或者是童年，也可以说是儿童，当然也可以说是生命化教育。

"生命化教育"这个概念最早由中国人民大学国学院的黄克剑教授提出，他是一个哲学家，也是"生命化教育"理念的创立者。经常有人问我：应该怎么理解"生命化教育"？我说，可以把"生命化教育"看成一个名词。作为名词来看，它就是一种理念，是一个教育愿景，也是对教育最美好的一种描述。简单来说，就是让人更像人，让所有人都能成为自己，让所有人都能成为一个更健全的个人。据此理念来说，教育所要做的工作就是成全这"个人"，成全这个更健全的生命个体。其实，从九十年代中期开始，我走进了很多课堂去听课，去跟老师交流互动，去观察孩子的成长。后来，我的孩子也进入了幼儿园，之后又升入小学，在伴随孩子成长的同时我实现了对教育的细致观察。作为动词来看，"生命化教育"就是一种教育行动，就是把对人的理解、尊重、善待和成全，在具体的教育生活中去实践、去践履。也可以说，"生命化教育"不是一般意义上的、纯粹的理论探讨，它必须对象化地去成全所有的教育可能性。更重要的是，它需要生命在场。在这样的教育实践过程中，可以真切地体会到"生命化教育"的另一种进展。"生命化教育"还可以作为形容词。比如说，看到一个很适宜的、很舒适的、充满了对人的关切的环境、氛围、理念，或者具体的教育行为，我们会称之为"特别的生命化"。这时，它就是一个形容词。

实际上，"教育是慢的艺术"这一思想的提出，是在实践"生命化教育"的过程中获得的一种启迪。当然，"教育是慢的艺术"本身也是对生命的一种理解。对所有的人而言，成长都是非常不容易的一件事情，人成为人，是所有可能性里面最美好的一种，但是成为人的路，又是非常艰难的，要受各种各样的限制，其中最大的限制当然是生命本身就是有限的。因为生命在各种各样具体的限制里面，所以人的禀赋、气质，人的才能、趣味，人身上所有的一切，天然就具有一种差别。人实际上都只能有限地去实现自己，而这种实现跟他的潜能有很大的关系。可以这么说，世界上最聪慧的、最有智慧的、最有灵性的生命，其本身的成长就是很缓慢的成长。曾看过古罗马的神学家奥古斯丁的观点，他说人的成长是"慢慢的快"，前期非常慢。这种慢，甚至让你觉察不出他的成长，或者说你会意识到，所有的成长、所有的习得都非常的艰辛，所有的习得有时会让你觉得特别缓慢。其实这也是教育的难题，有时会让你怀疑，教育是不是有效呢？我要表达的观点就是，教育很难立竿见影，它对一个人成长的推动是很缓慢的。

实际上，我们对一个人的信念并不是从效果里推导出来的，而是从信念里面、从经验里面、从人类历史里面、从人的普遍规律里面推导而出：一个人终究是能实现成长的。无论这种成长多么艰难、多么缓慢、多么曲折、多么艰辛，你总是可以看到，一个人终究是能够成长的。这种成长，会促使我们去理解人本身的复杂性。对教育来说，这样的理解力特别重要。这种理解力，本身就是我们对生命的信念，对人实现美好的可能性的一种信赖。教育，就是一项积极的事业，就是一项建设性的事业，就是一项对人类本身抱有最大信心的事业，它往往可以在一个人身上，在一个人的成长上体现出来。我们需要有这样的情怀，让我们有所作为。

当然，人的复杂性又会使我们需要有一种信念去对待所有的人，哪怕有时你所期待的教育成效不是那么明显，你所渴望的成果不会马上到来，有时甚至免不了感到沮丧（我心愿这么好，我付出努力这么多，好像得到的回报不明显，甚至回报非常微小）。教育，从某种意义上来说，是特别容易让人沮丧的，也是特别容易让人失望的，是经常让人产生失败感的一项事业。所谓的要建立对教育最核心的信念，其实恰恰就是教育要使人相信人性，相信人的成长有普遍规律，相信其实所有的劳动终究是有意义的。所有的这种积极的推动，可能你现在看不到，但是总有一天会被证明。

我们只要走正道，总是会有回报的。

张文质做客"叙事者"（二）

谈及"教育是慢的艺术"，大家经常会跟我讨论这样一个问题：在实际的教育计划中，人的成长具有很大的紧迫性，在一定的时间内必须达到足够量的成长，而你却总是说"教育是慢的艺术"，这是否可能？当然，"教育是慢的艺术"首先反映的是一个人成长的规律，人的成长总是"慢慢的快"，最重要的功夫是在"慢"里面。人的这种慢，就是生命自身成长的一个特点。人的成长是一种自我建构的过程。换句话说，知识的获取需要一种内化，需要自己去理解，不是说你学得越多越好，更重要的是理解得越多越重要。

慢是一个生命成长的规律，有时你是急不得的，生命成长有自己的内在性，所以我们要做的就是去尊重生命的这种内在性，不轻易地打破它的程序和节奏，破坏它的内在性，因为所有的破坏都会带来成长中的困扰与失衡。比如说，学生在学习中存在很多问题，这一结果并非在短时间内形成的，如果去溯源的话，很可能跟他早期的生命成长，跟他早期的生命内在秩序（包括生命本能需求的满足）被破坏或者缺失，有很大的关系。所以，我把更多的精力放在了家庭教育上，更多地关注生命成长的早期。我在对学生成长进行大量观察、问卷调查，包括对话之后，越来越意识到家庭对一个人成长的重要性。我十分赞同英国学者温尼科特的观点，他说，对于一个父母来说，要做一个"够好的"父母。"够好的"父母就是尽量去满足孩子的各种情感、各方面的需求，跟孩子生活在一起，给孩子更多的鼓励，用一种更温暖、更人性、更有助于孩子成长的温和的方式去帮助孩子。这一切，会使孩子处于一种正常人的最基本需要得到充分满足的环境里成长。也就是说，处在这样的环境里，人不会有太大的麻烦，成长中不会有太大的问题。

当我们对一种教育理念进行理解的时候，一定要明白这个理念肯定不可能解决所有的教育问题，因为教育问题有时候是有个体性和具体性的，它在具体的教育过程中是会遇到挑战的。但是无论遇到什么样的挑战，我们前提性的思考仍然要建立在这样的基础上：遵循人成长的规律，遵循一个人学习方式的内在规定性，用更人道的、更有人性的、更具有建设性的方式去帮助一个人。大家经常会说，"救亡不能压倒启蒙"，对启蒙而言，这句话更为重要，也就是说基础性的东西更重要。我有时也会这样去想：在具体的教育情境里，你去实现某个理念是有困难的，但是你有理念跟你没有理念，在处理具体的工作时是不一样的，也就是说价值观会影响我们对生活、对学习、对具体问题的处理方式。而且，价值观需要我们根据具体情境做出相应的调整。也就是说，它需要一种临场的智慧，它需要我们在具体的学习状态中，针对具体的教育现实问题做出适当的调整。可无论怎样调整，都必须尊重人的尊严，包括尊重人的独特性，包括尊重人的差异性。这个差异性，其实也是教育中一个比较大的难题。

其实我们转换一个角度来思考会发现，那些有着鲜明的教育信念，有着独特教育智慧的老师，在具体面对教育困难的时候，总会有他特有的教育方式或者教育立场，我们总会觉得，他会选择一种最不坏的方式去处理所面临的问题。

张文质做客"叙事者"（三）

我很想问各位老师（你们很清楚），中国教育有什么变化？其实大的变化没有，应试教育这些年倒是愈演愈烈。其实，这里面就涉及我们怎么去思考中国教育现实的问题。

说实在的，我有时觉得教师这个职业是比较沉重的，负担重，压力也大。我们的收入太少，我们的身体难以支持，我们经常会有种沮丧感。有沮丧感是非常正常的，只要你是一个有思考力的人，就难免会感到沮丧。我经常会想，如果我们的身体更强大一点，身体更健康一点，我们是否就能克服这种沮丧？可以肯定的是，如果我们能够得到比较好的休息，我们的精神状态肯定会更好一点。所以这些年，我会特别强调：做一个教师，要有一个好的身体，要有充足的睡眠，要有更好的营养。当然，教师还需要阅读，阅读其实不单是我们读什么书，而是我们可以通过像"叙事者"这样的共读，相互促进，相互汲取力量。在"叙事者"这样一个团队里，我们能感到一种温暖，这种温暖对一个人来说，实在是太重要了，这是精神的援助。我以前也说过，有一种成长和理念是"共同研究，各自发展"，这对我们都太重要了。所以在面对具体的教育现实的时候，我们需要有一个更从容的心态，即尽责就很好了，尽到本分，就非常了不起。

我们要有勇气去承认失败，去承认无法改变，去承认我们有时在促进学生发展上作用非常有限。也就是说，教育是寄予希望的事业。这个希望是指，孩子是社会的未来、人类的未来，他们肯定会向着更光明的方向去发展。但从改善、改变、提高的角度来说，教育注定又是要跟失败打交道的事业，我们都是普通人，不可能像神一样去改变一个人的命运，像神一样把光明送给那些特别需要的人，让其梦想成真。其实，教师就是一个人。蒙台梭利说，教师是一个很容易生气的群体，我们要努力做到不生气，尽量少生气，不要生大气（哈，偶尔生下气是可以的）。当然，我们不能去做侮辱、伤害学生的事情，也不能去做让我们自己特别沮丧、特别绝望的事情，我们需要用一个更正常、更积极的心态去对待我们的工作。

我很欣赏大家的共读模式，很欣赏"叙事者"这个团队，很欣赏王维审老师，还有其他老师所做出的这种努力。这样的努力会改变我们的精神状态，也会提升我们对教育更丰富的理解力，它让我们在遇到挫折的时候，有地方可以倾诉。阅读本身是一种倾诉，写作是更好的倾诉，跟大家在一起分享，那是能够得到温暖、得到安慰的一种倾诉。这样的生活，本身就是有质量的生活，甚至可以说，这样的生活是一种很美的生活。有时，我还会这样想，除了教书，除了日常工作，除了阅读写作，我们可能还需要有第二种生活能力。第二种生活能力，就是让我们的很多爱好、专长、兴趣，在我们有能力去施展、有能力去实现、有能力去实施的时候，不错过机会，尽情地去发展。此外，还应该有一点理财、赚钱的意味，能帮我们提高物质生活水平。有时，我会觉得挺矛盾，私下里我也经常会说，希望老师用自己的智慧、用自己的劳动、用自己的汗水增加收入。比如说，补课。我曾问过一个在德国的同学：在德国，对于教师补课是怎么管理的？她说，很简单，就是教师不能给自己的学生补课，然后补课要交税，其他是不管的。但在我们国家，关于补课有相关的规定，有时候我也不知道怎么来回应这样的问题，但是我总觉得，增加我们的收入，提升我们的生活质量，提高我们对自己人生的信心是非常重要的。不要指望人的格局在短时间内会有多大的变化（很难有变化），就像我这几天在微信里说的，我们要致力于培养"未来总统的奶奶"。哈！"未来总统的奶奶"——意味着多年以后中国才可能变得更好。变得更好，我们不见得都能看得到，但是我们希望孩子都能变得更好，学生都能变得更好。我觉得"变得更好"最重要的一点是：让孩子成为一个比较正常的人，身体健康，有最基本的价值观，尊重基本事实，对他人有同情心，对丑恶事物有批判的精神，不盲从，不容易受到各种蛊惑，对自己的未来更有信念，更容易快乐，这些太重要了。

就像我经常说的，我们要把自己的孩子作为我们一生中最重要的一个学生加以培养，把自己的孩子培养好了，就是对社会最大的贡献，也是对我们所从事的教师职业最重要的回报。

"叙事者"的传递性发展模式

一个团队的发展价值在于，它的成长模式可以被复制，可以把成长的力量传递给他人。缘于读写而成长起来的杨雪梅老师，在自己拥有光的同时，也用这份光照亮了更多的人。2017年底，她组建了"雪梅读写团队"，带着越来越多的人走上了读书和写作的道路。

向着自己开一朵花

毕业十八年，在特殊教育的土地上跌跌撞撞了十八年，在这枯燥冗长的荒芜中，只有孩子们清澈纯稚的眼神能给予我深深的抚慰，更多时候，我都是徒劳地睁大双眼，看不清任何方向。是的，我迷路了！迷失在惯于圈养唯恐惊起一丝微澜的"特殊"教育管理体制中，迷失在人人固守缺少新鲜气息流通的沉闷中，更是常常在说不清原因、道不明是非的压挤与苛责中苟延残喘。我以为，我就要这样混完自己的教育人生，带着永无止境的重复、疲倦。

"世界那么大，我想去看看！"这封爆红网络的辞职信曾在我的心头漾起缕缕微澜：从教十几年，我看见的天只是校园里的仓促忙碌，我看见的地只是教室里的鸡毛蒜皮，我接触的世界也就只有十几个不太健全的孩子。世界那么大，属于我的风景又在哪儿？

在做一天和尚撞一天钟的得过且过中，我既没有累积到走出去的底气，也没有攒下放弃一切的勇气。当心有不甘和勇气不足交集于我的生命中时，我只能一个人痛苦地挣扎，然后又日渐沉沦。

文字，唤醒沉沦的温度

都说，人生的际遇妙不可言，确实如此！

2016 年初，我的那颗曾经颇有些豪情的教育之心在日复一日的琐屑磨折中渐渐失却了棱角，渴望成长却又总是无所适从，我在随波逐流中麻木起来。家人劝道："一个女人，按部就班做好你的本职工作，安安稳稳混到退休就行了，再怎么折腾也就是一个小老师！"我也已经决定用"混"的状态来打发自己的教育生活了。但是，两个不同的人，两种截然不同的文字，却几乎在同一时间唤醒了我。

第一段文字来自邮箱，是一位编辑给我的回信。"杨老师，很抱歉，我们杂志不能发表诗歌体裁的文章，但我还是细细读了您发来的稿件，觉得感情真挚，文笔不错，我更期待着您能用叙事体的形式来写文。"记得不久前在学校的跨年联欢会上，为了应付任务，我东拼西凑编了首朗诵词，然后又抱了颗投石入海的心随手点了个邮箱发了出去。没想到，热情的编辑不但细细读了，还给予了那么多期待与鼓励，一抹感动涌上心头。

另一段文字来自 QQ 空间。百无聊赖的清晨，它的出现令我的心怦然一动：

你有多久没写作了？还记得在日记本上写出的第一段话吗？还记得在 QQ 空间写日志的那段时光吗？还记得在各种网站上开通的

那些博客吗？……我们发起三十天持续写作挑战，你什么都不需要投入，除了一颗敢于挑战自己的心！

这是一封挑战书，王维审老师希望通过这样的方式来唤醒教师的自我成长意识，督促他们刷新和挑战旧我、开启和激励新我。沿着这封挑战书，我又找寻到了更多类似的文字："脚踏实地，一步一个脚印走下去，收获和成长就会在缓慢的积淀中越来越高。""在追求成长的道路上，你可以眼望别人，但在内心里，你只需要照亮自己"……

这些文字是富有温度的，我麻木的心在一点点地苏醒。在它们的召唤下，我也很想试试在倾尽全力后我会成长为怎样的自己。于是，我加入了由叙事教育的倡导者王维审老师发起的民间教师成长团队——"叙事者"，开启了以教师专业阅读、专业写作、专业交流为常态的教育行走。

阅读，点亮教育的心灯

或许，自己的骨子里一直都潜藏着不肯服输、不愿安于现状的特质。这种特质，让我在十几年看似安逸的蛰伏中苦痛不安，也令我在确认方向后有了义无反顾的坚定和执着。

我的成长，从用阅读照亮前行的路的那一刻开始。阿德勒的心理学力作《儿童的人格教育》便是我加入"叙事者"团队后共读的第一本书，也是我参加工作以来捧读的第一本真正意义上的教育图书。捧起它的刹那，强大的无力感迅速地在心头蔓延，那些枯燥得近乎干涩的文字令我恹恹欲睡，那些陌生的前所未见的心理名词更是令我望而生畏。

我不想让自己还没有起跑便停滞在线前，于是，决定坦率地逼自己一把：遇到不解其意的专有名词，我会及时上网查询，不让自己的心里留下任何一个"死结"；读到难以理解的章节，我会静下心来一次次从头翻阅，用前后顺畅的衔接帮助自己走出当下的逼仄；遇到于我有所启迪的文字，我会反复品味，并及时加以誊抄整理，为自己的阅读留痕……

一个月下来，这本书被我反反复复啃了三四遍。当轻轻合上书卷，我才发现书中的理念已于不知不觉中幻化成了头脑记忆的一部分。原来，"我们之所以追求优越感，追求完美，就是因为我们本身不优越，不完美。父母或教师的任务就是把这种追求引向富有成就和有益的方向，引领着孩子们在'自卑而超越'中成长"。"在孩子的成长之路上，童心是最好的教育，呵护童真是我们最应该做的事！"……说不清这些句子是源自书中还是源自我读书后的领悟，我庆幸自己没有在阅读最困难的时候选择放弃，因为，再次面对孩子们的成长时，我已经懂得了要多去看看成长背后的另一面。

从《儿童的人格教育》中走出来是困顿艰难的，但随后走向一本本书的路便顺畅了许多。每个月，我都会为自己精心挑选两本书潜心阅读，不求速度，只求深度拥有。在王维审老师的《寻找不一样的教育》一书中，我看到了一个人身处逆境中却勇于打破枷锁、用文字完成教育生命、实现自我救赎的底气与勇气；在约翰·洛克的《教育漫话》中，我悟到了健康的精神寓于健康的身体，动手能力不容小觑，奖惩分寸偏颇不得；在朱光潜老先生《谈美》的论道中，我学会了用眼睛发现美，用心灵感受美，用物我相融滋养美，用恬淡从容领略美。

远远不止这些！大量心理学图书的阅读，让我更善于透过问题的表象深入孩子内心，找寻到融入心灵、呵护成长的密码；对班级管理理论的学习，让我在与孩子们打交道时多了些智慧的思考，少了些僵硬与刻板；对教育经典著作的时时回味，总能令我在一次驻足、一次回眸间有了微妙的触悟与收获；哲学、文学甚至美学类图书的阅读，让我的生命充溢着能量，面对困境时多了些淡定与从容。

著名的教育学者谢云老师曾说过："真正的教育，绝对不只有知识，不只有教材和教参，学生的成长需要更丰富的营养，也需要教师有更丰厚的素养。教师的素养从何而来？这问题或许过于宏大，但阅读，一定是最重要的'发源地'、最核心的'发动机'。"阅读照亮教育，也照亮了我自己！

写作，让教育更加慎重

如果说，阅读让我看到了教育的丰富与美好，那么写作，则让我一步步走入了教育的美好。走上教育写作之路后，我开始心怀敬畏地看待教育里的大事小情：一个看起来由学生造成的小麻烦，会不会蕴含着关乎育人的契机或警示呢？一件小事情的顺利解决，可以带给自己什么样的教育思考或启迪呢？一场有心或无意的对话，又能触发多少感触或领悟呢？一个个大现象或小背景里，又可以挖掘出哪些独到的见地或深刻的自省呢？……可以说，教育写作不仅让我有了更加敏锐的教育观察力、思考力，也让我开始学会慎重地对待教育生活里的每一件小事。

学校里一个叫宇的女孩子因为没有礼貌、不守纪律、爱欺负人，一直都不怎么讨人喜欢。有一天我值班，看到她一边对着一个小同学骂骂咧咧，一边艰难地蹲下笨沉的身子帮这个小同学系鞋带，按照以前的做法，我肯定会批评她"骂人"之错。但是，写作让我习惯了三思而后行：骂人是不对，帮小同学系鞋带却是在做好事，我是应该批评她的骂人还是表扬她的助人呢？稍做思考，我便说了一句："宇长成大姑娘了，懂得要帮助别人了！"没想到，这么一句简单的表扬，却带来了令我意想不到的"后果"：整整一个晚上，她出奇地懂事，不但主动帮我维持秩序，睡前还特地跑过来柔声地向我道"晚安"。后来，我把这件事写成了文章，在文章的结尾我写道：为人师者，不妨在对待孩子的错误上多一些甄别和选择，多用一些微小但含情的表扬去化教育于无形。

在一次学校组织的阳光家长课堂上，我主讲了"如何沟通，孩子更合作"，勾起了很多家长浓厚的兴趣，可是不经意的一瞥却让我捕捉到了一位母亲投来的厌烦的眼神。写作带来的敏锐让我很快意识到了问题所在：原来她的孩子是自闭症儿童，沟通能力恰恰是不具备的。带着份悲悯与理解之心，我选择了仓促结束讲座，为一位母亲放手。虽然，我的讲座因为"仓促收尾"而不再完美，我也因此遭到了一些轻视和质疑，但我一点儿也不后悔：任何的荣誉和鲜花，都不能与减轻一位母亲内心的伤痛相比。

因为写作，我懂得了慎重对待教育；因为慎重，我一点点步入了教育的美好之地。

读与写，漾在生命里的花开

一粒种子埋在土里之后，想的也许只是成长，却会在无意之间收获鲜花和果实。我也是这样，一直在文字中慢慢行走、慢慢陶醉，却在不经意间有了自己的收获：2016年3月，我发表了人生中的第一篇教育文章；迄今为止，我在各类教育报刊上发表的文章已达到一百余篇。随之而来的，还有杂志封面人物、特约编辑、特邀记者等意外收获。

一路走来，有种认识越发清晰：我读书写作，不是为了评比，不是为了赢得荣誉，只是为了一份持续、久远的成长。因为，在持续的读写中，我的教育行为和教育思想日趋成熟，我的教育境界和教育视野日渐开阔，我的教育觉察和教育领悟也愈发敏锐。2017年9月，我成功完成了威海市名班主任的三年考核答辩，实现了从一个普通教师到名班主任的蜕变。而这一切，都是在文字的浸润下，于不知不觉中慢慢发生的。

世界那么大，总有些风景我们无法触及；教育生活那么平淡，失却了追寻总有一天我们会感到厌倦。可是，因为有颗永不放弃成长的心，无须他人成全，无须外力牵引，我用读与写的方式，就这样向着自己开出了一朵又一朵的花。

（荣成雪梅读写团队　杨雪梅）

向心而行，成长恒远

遇见"叙事者"，源于 2017 年 9 月 16 日，那一天荣成市教研培训中心组织了一次青年干部、教师"读书与写作"专题指导培训会，主讲者就是资深叙事者——杨雪梅老师。在"读与写——向着自己开一朵花"这一主题讲座中，雪梅老师将自己加入"叙事者"后的成长经历一一道来：寒假三十天挑战每天写一篇教育文章的坚韧和执着，坚持写作孤独前行的无畏和果敢，利用假期自费外出学习的热切和勤勉，一百多篇文章发表的收获和成长的精彩……她在阅读中跋涉、在写作中思考、用文字成就自己的经历，感染了会场里每一颗渴求成长的心灵。培训会后，荣成市教研中心决定成立荣成青年教师读写成长团队，每个学校可以推荐一至两个人参加。

遇见叙事者，点燃成长心灯

团队成立之初，秉持"叙事者"的读写原则，成员每周提交一篇原创教育叙事文章，每月深度阅读一本书并写出读后感，培训处鼓励教师投稿，并将发稿数量、参加活动情况、上交作业情况等指标作为考核学校的标准。但行政干预的结果并不尽如人意，有的老师迫于学校压力加入热情并不高，有的老师东拼西凑几段文字应付了事，还有的老师几乎不参加任何活动。但也有一部分老师抱着坚定的信念想用读写，敏锐果敢的雪梅老师捕捉到了这部分老师的成长热情，并最终做了一个大胆的决定：放弃原来的青年教师读写成长团队，将真正为成长心动又愿意付诸行动的十一位老师召集起来，成立荣成雪梅读书写作团队，并加入了"叙事者"QQ 群。

进入了"叙事者"这个大家庭，首先要做的就是跟上叙事者的读写步伐。每周六晚七点前我们要在群里以接龙的形式上交成长作业，然后由管理人员统一发到"叙事者"QQ 群里，发布本身便是考核，两次以上不能及时上交作业的老师就会被直接认定为自动放弃成长。这个规定让团队始终洋溢着坚持的力量，也保证了团队能够走得更远。每到周六，小伙伴们都会有"不待扬鞭自奋蹄"的紧迫感和分享作业的期待感；交完作业，大家会逐篇阅读他人的作业，为独到的思考角度赞叹，为细致的描写喝彩，为新颖的观点折服。在"叙事者"这样一个大平台，我们遇到了比我们行走更早、水平更高的兰山团队、望亭团队，这些团队和众多"叙事者"的先行者，都是我们景仰和学习的榜样，激励着我们不停向前行走。

更大的惊喜源于 2018 年元旦，荣成雪梅读写团队举行了第一次"向心而行"的线下活动，每位老师都准备了一份成长作业，在雪梅老师的点评指导及伙伴们的反复修改下，这些成长作业首次登上了"叙事者"公众号，形成了"叙事·荣成专栏"。对于刚刚进入"叙事者"的每一位小伙伴来说，能在公众号上面发表文章，是肯定，是激励，更是力量。这份温暖给了大家继续前行的动力和信心。

其次，雪梅读写团队成员积极参与"线上书吧"和"名师讲堂"活动。"叙事者"的名师大家对推荐书目的深度解读和教育教学经验的分享，让每位成员在每个周六都有着不一样的期待和收获。在这里，寇介芳老师和我们说读写，聊人生；高永春老师和我们论诗词，聊心灵；王洪梅老师和我们说成长，聊前行；吕健老师和我们忆童年，道忧虑……在一次次精彩的分享中，我们反思着自己的教育，展望着自己成长的方向。2018 年 5 月 26 日，我们荣成雪梅读写团队的张宁、刘珂、孙晓妮、蒙庆莲、赵淑娜五位老师在"线上书吧"亮相，就《做一名有专业尊严的教师》一书，幸福地和"叙事者"家人分享自己的观点见解，实现了团队参与线上活动的第一次。

一直很喜欢张爱玲的一句话：于千万人之中，遇见你所遇见的人，于千万年时间的无涯荒野里，没有早一步，也没有晚一步，刚巧赶上了。遇见雪梅老师，遇见王维审老师，遇见"叙事者"，重拾文字，从"心"出发，我和我们雪梅读写团队的伙伴们从未如此急切而坚定过。

遇见荣成雪梅读写团队，开启幸福成长旅程

有句话说得好，要想走得快，就一个人走；要想走得远，请和团队一起走！2018年元旦，新的一年，新的开始，荣成雪梅读写团队扬帆起航。杨老师为每一位热爱读写的小伙伴的发展多方筹谋，引领的方式更加丰富，团队的活动也更加多彩。

每周进行文章的线上拍砖活动。拍砖活动要从2018元旦第一次"向心而行"的线下交流活动说起，在此次活动临近结束的时候，团队的孙晓妮老师交上了自己的一篇小文，恳请杨老师和团队老师为自己提提意见。杨老师敏感地发现这篇文章中有不少典型性问题，就提出大家一起改写的建议。改写中，团队老师把改写的文章发到群里共享，不同的思路引发了大家更大的写作热情，后来，以这篇文章为蓝本的改后文章，竟然被多家杂志看中分别予以发表。同文改写，让大家提升很快，我们又把这样的形式延伸到了每周的作业中，称之为"拍砖"。每周杨老师都会在大家的作业发布的第一时间去阅读，找出有代表性的文章，引导大家开拍。刚开始，大家的写作水平不高，所提出的意见都是零散和细碎的，杨老师就针对某一篇文章，教大家从围绕中心选材、叙事情节的安排、一事多议、如何起标题等角度来详细点评。团队的老师都非常珍惜这样的活动机会，更珍惜被拍的机会，因为不论拍别人还是被拍，都是一次难得的现场写作指导课。我们都知道自己能坚持读写固然是一种提高，但若能得到雪梅老师的专业指点，则会进步得更快，更有底气。

关于"拍砖"，请允许我撷取我们微信群里一位特别的朋友——苏州工业园区星洋学校的龚天羽老师的文章中的一个片段与大家共享：

> 　　团员们对其中的一些博文进行批评，这是我第一次看到群友之间这么单刀直入，毫不留情地指出缺点，言辞之中连一点粉饰也没有。按理说，自己的文字、做法被人否定是一件令人难受的事情，可是在这里，老师们却竞相"求拍砖"。我自觉没有这样的勇气，便没敢将自己的博文贴上，而选择了"深藏功与名"，静看这群"心狠手辣"的女人们互相拍砖，拍得鲜血直流、脑浆迸裂，被拍者连连称是，毫无还手之力，也没有还口的意愿。有意思的是，过了几天，报纸杂志上登出来的，正是那"被拍"之人的文章，她乐呵呵地感谢着大家，并在群里用一个大红包分享着快乐。看到这样的景象，我觉得自己选对了地方。真的伙伴就是让你去直面成长中的不足，毕竟"溃痈虽痛，胜于养毒"，表面的和谐并不能让人真正进步。

感谢龚老师的溢美之词，让我们更加清楚地认识到跟随荣成雪梅读写团队的脚步行走，每个人都在幸福地成长着。

定期进行线下主题活动。2018年上半年，荣成雪梅读写团队一共进行了四次线下活动：第一次是元旦的"向心而行"，参与人数比较少，我们便采用了座谈会的形式，在会上人人畅谈自己获得的成长，雪梅老师针对我们的交流，逐一点评鼓励，整个过程中大家收获的是满满的前行动力；第二次的活动在2月3日进行，主题是"同一个故事"，过程中我们集体改写了李玲老师的文章，获得了如何选材、如何确立主题、如何引用经典理论或故事、如何开头结尾等方面的指导；第三次活动在3月24日开展，主题是"一本书"，主要内容是，大家结合自己的成长经历，交流共读王维审老师《寻找不一样的教育》后的收获；第四次活动在4月28日举办，我们非常有幸邀请到了"叙事者"团队的发起人王维审老师和《当代教育家》杂志的束晨晨编辑亲临荣成指导团队发展。

第四次线下活动的主题是"写到哪儿去"，王维审老师亲切地从不同施肥方法导致多年后茶树的生长截然不同的故事切入，让大家畅所欲言谈一谈自己的感受，启示大家领悟浅层次的努力会耽搁一个人的成长。他在肯定荣成雪梅读写团队的进步的同时，希望团队的每一位老师能够从问题性写作向专题性写作和研究性写作转变，扎根于叙事教育的研究，以获得长远发展。而束晨晨编辑则从专业写作角度提出了典型性问题和针对性建议，消除了小伙伴们对投稿的不自信。每个老师都收获满满，更加坚定了前行的脚步。

参加"书香荣成，教育领航"志愿服务。杨老师先后为荣成教师组织了四次大规模的读写主题讲座，团队有九位小伙伴参加了三次领读志愿服务和城市书房志愿活动，他们不仅得到了市局领导的认可，还通过宣讲激励更多教师走上了读写成长之旅。团队由原先的十一人发展到五十多人，人数增加了四倍。其中特别值得一提的是梁建丽老师，她是荣成教育的一面旗帜，曾荣获山东省特级教师、山东省优秀班主任、山东省优秀教师等称号，这位离退休仅有两年的名师在听了杨老师的讲座后，毅然加入读写团队，以优美细腻的文笔写下了自己对教育的独特见解。6月25日，荣成教育专家团队到枣庄市山亭区进行对口支援，作为压轴出场的杨雪梅老师做了"用成长陪伴成长——谈教师的专业发展与责任"的讲座，在山亭老师中掀起了读写热潮，以高娟、邹丽丽、周广东、张显荣等老师为代表的山亭团队整体加入了荣成雪梅读写团队，开启了荣成和山亭老师携手读写的成长之旅，杨老师身上发出的光照亮了更多人的成长。

遇见一束光，成长从此不缺席

韶光匆匆催人老，转眼间我已到了弃四奔五的年纪，从事教学也已二十多年。曾经，我就是那个说话总爱把年龄亮出来，感觉自己不再是年轻人、羞于谈成长的人，倒是能对教师这个职业所存在的种种问题和诸多抱怨滔滔不绝，这就是职业倦怠吧！从教二十载，业务上也算驾轻就熟，但工作似乎陷入了重复的怪圈，未来的方向在哪里，我陷入了迷茫。

其实，每一个教师的成长或再成长都是需要契机的，也许是一次赛课前的打磨，也许是观摩名师课堂，也许就是同事的一次激励或者领导的一句批评，我相信每一位老师一定都在某一个时刻遇见过一种力量牵引着自己加速成长，或许这样的遇见还不止一次两次。遇见就意味着成长，再成长。我有幸，在没有方向的时候，遇见了雪梅老师，点燃了成长的渴求。

粗略数来，加入团队的八个月时间我已经写了三十多篇日志，读了十本教育图书，在报刊上发表了七篇文章。回头看看自己留下的文字痕迹，我的内心充满了成就感。而团队也交上了一份闪亮的成绩单，在荣成市优秀教育科研成果报告交流会上，我们获悉了这样一组数据：2017年全年，荣成市近六千名教师发表教育文章179篇，但2018年前六个月，荣成雪梅读写团队四十余人发表的文章数量已经达到了130多篇，而且这个数字每天都在刷新。团队的每个小伙伴都明白，我们收获的绝不仅仅是文章的数量，而是当所有人习惯于原地踏步的时候，我们一直在成长的路上踽踽前行。所以，我还要说：有你们，真好！

团队伙伴也在用行动传递着坚持的力量。团队工作，无论是公众号的编辑发布、文字校对，还是作业考核、文章的整理、线上线下的活动，每个老师都积极参与；李晓园老师是一名美术老师，是公众号的美图小编，她精心选择配图，让公众号的插图既贴切独特，又有情趣和意境美；王倩、刘艳霞、刘文静等不单单是一名教师，还担负学校的管理职责，却从来没因为工作繁重而耽误读写行走的步伐；有的老师父母身体不好，他们就在父母的病床前写作业参与活动；有的老师因参加优质课等赛课活动而无法按时上交作业，会提前打好招呼，延迟上交时间，不会因事不提交作业；杨老师在群里发布暑假的教育行走公告，大家积极报名，不管是不是自费；每一位老师有了问题或者文章发布在"叙事者"公众号、报刊上的时候，伙伴们总是热情洋溢地解疑或点赞。可以说，团队影响着每一个人，成就着每一个人，也温暖着每一个人。

从杨老师和团队伙伴身上，我懂得了行走不仅仅是一种姿态，更是一种坚持和力量，我知道唯有坚定地行走，才不辜负杨老师一直以来的用心良苦，才配得上"叙事者"和荣成雪梅读写团队这样闪亮的称号。所以，无论什么时候，我都愿意融入荣成雪梅读写团队和"叙事者"的光亮里，哪怕再微弱，也要尽可能多地照亮身边的方寸天地，传递我自身的温度，传达我再成长的幸福。

行者常至，为者常成，让我们一起静心阅读，用心叙事，不问花开，向心而行。

（荣成雪梅读写团队　王迎军）

爱我所爱，无问西东

我是一名普通幼儿教师，是每天要和熊孩子打交道但仍需战斗力满格的"孩子王"，总以为生活就要在这样的忙忙碌碌中延续下去。可是，机缘的巧合，让我走上了读写之路，开始了别样的成长。

每段青春都有过迷茫

解锁我的成长之路第一阶段的关键词——迷茫、困惑。

刘同老师的《谁的青春不迷茫》对我的触动很大，我觉得用它来形容之前的我很合适——在不知不觉中，人生慢慢就没有了什么方向。

回想自己的生活，每天就是围绕着一群孩子转，不仅要悉心关怀、不避其脏、不厌其烦、释疑解惑、塑造行为、培养个性，还要以自己的童心、童情、童真、童趣与孩子们亲密相随，更要在课堂上、游戏中，在吃饭、睡觉、穿衣、盥洗时，对孩子们的一言一行、一举一动进行细心关照、真诚对待，谁的辫子散了，谁的身体不舒服了，谁和小朋友闹意见了，都要看在眼里，记在心上。这些看起来微不足道的小事成了我工作的全部，就这样，我重复了四年。陪伴着小家伙们成长固然幸福，却又总感觉缺少了些什么。岁月一天天流逝，向前行进的方向却越来越模糊，曾经那个热血沸腾的自己也越行越远，我无数次在一盏又一盏路灯的陪伴下，无力地唱着那首"我觉得自己像一只小小鸟，想要飞却怎么样也飞不高"。

蔡康永说过："十五岁时觉得游泳难，放弃游泳，到十八岁时遇到一个你喜欢的人约你去游泳，你只好说'我不会耶'。十八岁时觉得英文难，放弃英文，二十八岁时出现一个很棒但要求会英文的工作，你只好说'我不会耶'。人生前期越嫌麻烦，越懒得学，后期就越可能错过让你动心的人和事，错过新风景。"这段话很好地诠释了我迷茫无助的原因——懒惰安逸惹的祸。无数个深夜里我自问，这是自己想要的生活吗？可无数个白天，我仍然不知所措地熬日子。想必很多人都有过这么一段属于一个人的迷茫，可能只有迷茫围身，我们的思考才会开始，就如同更多时候，不是因为有了路，我们才走，而是因为我们在走，所以才有了路。迷茫困惑会让人痛苦，但它并不可怕，因为在我们每个人的心中，其实都蕴含着破除迷雾的力量。

确认过眼神，我遇见了对的人

解锁我的成长之路第二阶段的关键词——遇见、幸运。

　　在经历了迷茫困惑之后，我很幸运地遇到了那个带我冲破迷雾的人。最初的相遇，是在去年十月份荣成组织的青年教师读书与写作指导会上。当时杨雪梅老师把自己的成长历程分享给了大家，我在佩服杨老师的"功底"的同时更多的是被她坚持不懈的精神感动了。虽然自己也喜欢写作，但是始终没有走上一条正确的路，读什么样的书、怎么写作、怎么把一件事情叙述出来打动别人，这种种疑惑困扰着我，甚至一度令我想要放弃自己唯一的热爱。可听完讲座之后我的内心顿时"亮"了起来，我找到了自己期盼已久的幸福感。跟着自己的感觉走，随后便有了我加入叙事团队的故事。从我交第一篇作业到现在，无论是清晨还是深夜，她仿佛永远不会下线，只要我的一句"老师，在吗"敲过去，她总会抽出时间来帮我解决问题，"段之间要过渡自然、要从故事中找到思考"等都是我跟杨老师学到的。我们每月都会组织线下读书交流写作活动，杨老师每次都会精心地为见面活动想好方案，鼓励大家大胆表达困惑，发表观点，目的就是让我们有所进步，让团队成长得越来越好。遇见导师雪梅，我迎来了自己人生的小确幸。

　　在小确幸的引领下，我的世界被刷新了。一个人的视野和思维，总是窄的吧；一个人的自学和成长，总是慢的吧；一个人的坚持和努力，总是懒惰的吧？所以，我的成长迟迟不见效果。跟随杨老师加入叙事团队后我有了明确的转变。以前的我，是懒惰的，遇到读写上的困难时，也是拖延和逃避的，用"思考上的勤奋者，行动上的懦夫"来形容当时的自己再恰当不过。现在的自己，心动了，有了持久的行动，有了不需要外力牵引的心甘情愿。在叙事团队的引领下，每个周六我和大家一起发文章、评论文章、欣赏文章，一起说出不同的见解。我开始坚信，所有的成功都不是一蹴而就的，都需要坚持，坚持，再坚持！

　　如果说雪梅老师带我冲破了迷雾，那么王维审老师则是一束光，照亮了我的前行之路。与王老师第一次对话是在《寻找不一样的教育》一书中，他用浅显生动的语言，通过观察记录让思想与情感之根植入教育大地的深处，为我展示了一幅幅师生之间富有爱意的场景。与他第二次对话是在荣成教育大讲堂中，那次相遇让我了解到，他是一位历史教育专业出身却执教数学学科的老师，也是一位可以让全班孩子都考上重点高中的老师，更是一位经历许多挫折依然选择成长的老师。王老师提出"雕琢"与"凿井"两种成长方式。雕琢就是通过不停地借鉴、改变、修正，让自己趋向于某种既定的成功标准；而凿井则是守住自己的方向坚定地走下去，让自己在某一个领域做到极致。作为一名青年教师，听着王老师的谆谆教导，我"准备好了一颗愿意成长的心"，并决定从现在起凿一口深井，让自己走上优秀之路。与他的第三次对话则是在《推开教育的另一扇窗》中，细细品读此书，就如同一位老友谈心，他说，"喜欢一件事很简单，而坚持一件事很难。而如果一个人能够把喜欢的事情，持续用心地做下去，并在数年之后，仍然没有被现实的琐碎打败，那么，这个人的魅力就足够吸引人……"

对的人、正确的引领，让我混沌的人生路一下子明亮了起来。

最初的梦想，紧握在手上

解锁我的成长之路第三阶段的关键词——坚持、努力。

世界杯比赛期间，卢卡库这个名字传遍全球。儿时的卢卡库想成为比利时最好的球员，为了打败对手，每一场比赛他都用尽全力，他说："我参加的每一场比赛对我而言都是决赛。"十二岁时，卢卡库在三十四场比赛中进了七十六个球，因为家境贫寒，他所有的进球都是穿着父亲的鞋子踢进的。2009 年 5 月，已经十五岁的卢卡库还是安德莱赫特 U19 的替补队员，距离他"十六岁时成为职业球员"的理想太遥远。非常渴望上场的卢卡库找到教练打赌说："我向你保证，如果你用我，我会在12 月之前踢进二十五个球。"事实上，他也兑现了自己的诺言。从六岁到二十四岁，靠着永不言弃的毅力和跑马拉松般坚持到底的信念，卢卡库在漫长的岁月中播洒汗水，持续提高，当机会来临时，他以百米冲刺的速度，远远地领先他人，牢牢地抓住机会，把握命运航船的方向，终于走向巅峰。有人会说这只是个例，但我想，关于坚持，我有自己的发言权。

从加入团队到现在，每周我都会坚持提交一篇成长作业。目前，我的文章已有六篇被"叙事者"公众号选中，有四篇被山东学前教育网选中，有三篇分别发表在《中国教师报》《语言文字报》《山西幼教》上，就是在这样的坚持中，我找回了那个迷失太久的自己。也许信息化的社会裹挟着我们的青春在娱乐浪潮中狂奔，也许激烈的竞争环境让我们无时无刻不在焦虑中心态失衡，但千万别让自己的思维始终一贫如洗。比失败更可怕的是"我明明可以"，明明可以，却因为没有坚持而失败，这才是我们最无法承受的挫败感。坚持去做自己热爱的事，我们，无所畏惧。

成长路上，我曾在迷茫中失去自我，也曾在遇见中看见自我，最终在坚持中找到自我。《欢乐颂》中有一段经典台词："生活虽然一地鸡毛，但仍要欢歌高进。成长之路上虽有玫瑰，有荆棘，但什么都不能阻挡坚强的心。"

愿爱我所爱，行我所行，顺遂己心，无问西东！

（荣成雪梅读写团队　张露月）

只为遇见更好的自己

自 1997 年我参加工作，成为一名初中语文老师，到现在已经二十一年了。四十多岁的年纪，恰是学校的中坚力量。这些年除备孕和哺乳期间外，我一直都担任着班主任工作。前些天我跟随杨雪梅老师参加了"班友论坛"南京笔会，会上吴非老师说"教育中最可怕的事就是一群愚蠢的人在辛勤地工作"。听到这句话，我暗自在心中抹汗，很庆幸自己加入了雪梅读写团队，加入了"叙事者"，让我以更科学、更人性化的眼光来看待学生，教育学生。其实这半年来我一直在庆幸，庆幸自己与"叙事者·荣成雪梅读写团队"的相遇，庆幸自己内心深处所发生的改变，我感觉：人生所有的经历与遇见都是最好的安排，当我遇见你，便遇见了美好。

我是 2018 年 1 月加入"荣成雪梅读写团队"的，那次市里组织"2018 年荣成市第一期教育大讲堂"活动，像这种活动每个学校只能分到几个名额，去之前学校领导对我说："杨雪梅老师是个很厉害的人，你去好好听听一定会有收获的。"回头想来，我真的要感激那位领导，因为他的举荐，我遇见了雪梅老师——我人生中的"贵人"，然后通过雪梅老师，我又知道了这一切都是源于王维审老师发起的"叙事者"教师成长团队。作为一名教育者，我对活动深怀感激，就像王维审老师"觉者为师"系列的第三本书的书名一样，因为"叙事者"，我推开了自己教育的另一扇窗。

在没遇见雪梅老师，没加入"叙事者"团队之前，我只是为工作而工作，就是一名教书匠而已。狭窄而稳定的工作圈子，几本教参，一两本练习册，每日忙不完的各项学生比赛，每天处理不完的让人上火的学生问题和一年几次的考试，一颗满是疲乏倦怠的心，这就是我生活的全部。知识年年如是地重复着，对学生总是用同一种方法教育着，我感觉自己像是养在鱼缸里的鱼，世界就那么大一点地方，天空就是每年的评优选模那么高。雪梅老师在她的《见证奇迹成长的那本书》中有这样一句话："我苦痛过，苦痛于置身于一片荒芜中未有过生长便已开始慢慢萎去；我挣扎过，挣扎于想要急切逃离却又找寻不到逃离的底气。"可以说，这就是我那些年教学状态的真实写照。

加入"叙事者"团队后，我才发现原来教育的天地很广阔，教育的世界很精彩。心态决定状态，视野决定思维的广度和深度，而思想的深度则决定着你人生的高度。虽然仅有七个多月的时间，可作为"叙事者"的一员，我的心态、视野和思想高度以每日可见的速度改变着、拓展着、提升着，我的文字也逐渐得到了《教师博览》《当代教育家》《新班主任》《教师月刊》《语文教学通讯》《未来导报》等编辑们的认可，当然这只是成长路上的意外惊喜，"叙事者"给予我更肥沃的土壤、更深厚的土层和一望无垠的成长空间，才是真正的惊喜。成长，终于在我四十一岁的时候开始了！

理念的转变带来班级管理方式的改变

看雪梅老师的作品，读王维审老师的书，读群里每月推荐的阅读书目，我恍然发现已有二十一年教学经验的自己虽然教学成绩不错，却一直没有真正触摸到教育的真谛。我让学生学得不快乐，学得无能力，学得只认分不认人。于是整个寒假我跟着读写团队一起读书，一起写作业，就像一名刚升入小学的学生，对每一次的作业都字斟句酌。虽然是2018年加入团队的，但我买齐了从2016年"叙事者"团队创立以来共读的所有图书。从阿德勒的《儿童的人格教育》中，我明白了儿童的心理发展特点，知道了孩子的某些不正常举动是有心理依据的；从于永正老师的《做一个学生喜欢的老师》中我学会了用一颗对教育认真到近乎虔诚的心，来对待自己的教学工作。在一个个教育故事的叙写中，我的心渐渐平静，我开始重新用人性化的眼光看待班中的"恶性事件"，并为自己以前那些不理性的处理方式汗颜……

寒假里，受雷夫的《第五十六号教室的奇迹》中班币制度的启发，我开始在家琢磨开学后如何在班中推行班币制度。我上网查阅资料，借鉴一些成熟的经验，并征求了班中同学的意见。最终我在家制定了"初一（8）班班币使用制度"，设计了"个人班币记账页"。一开学，我便兴冲冲地在班中尝试使用班币制度。学生们凭借在纪律、卫生、学习、文体活动中的表现来为自己赚班币，当然，做得不到位的要扣除相应的班币，每隔两周学生们就可以用赚来的班币为自己买一次福利：如用拍卖的方式在班中买下自己的座位，买下座位的同学同时会成为下半个月的小组长，而且拥有自主挑选小组成员的优先权，当然为了公平起见，我提前把全班学生按成绩分成了四大组，每位组长只能从四个大组中各挑一个人组成一个新的小组。这项活动持续了两个多月，学生们的眼睛亮了起来，班中也热闹了起来，其间我发现有的孩子进步很大。比如王可儿，她的成绩在全班四十四名同学中排名三十一，但在实施班币制度的两个多月里，每次她都能当上小组长，而当上小组长的她又会更加认真地以自身的榜样力量来带动和组织管理小组成员，眼睛里满是光彩。后来不再采用这种制度后，她和班上的一号分到了一个组，虽然我一直在鼓励她，给她打气，但她的眼神还是黯淡了下来，没有了之前的精气神儿，慢慢地纪律也出现了问题。一项制度能让有的孩子焕发出活力、调动出潜力，让他们愿意为证明自己而努力，那种努力不是教师反复强调、苦口婆心地说教所能触发的，所以我觉得，一位好的班主任就是要设计各种活动来激发学生的潜能，让他们愿意而且积极地将自身最棒的一面展现出来。

这个活动只持续了两个多月，便迎来了期中考试，参加那次考试的有八个班，我班的综合考评积分排第七。这份成绩虽让我想掉泪，却并未打击到我智慧化管理的热情，反而让我深刻反思出现这种情况的原因：首先，要想让全体学生都参与其中，那么整个方案的设计就必须得到全体学生的认可，他们要成为方案的设计、讨论和制定者，而我从一开始就先入为主，设计了全部的游戏规则，那自然有喜欢的也有不喜欢的，有在意的也有不在意的；其次，学生们的学习主动性是从小学起便被老师们严格管出来的，他们适应了这种教育方式，突然改变这种方式，只有激励、没了批评，也让部分孩子变得自由散漫起来；再者，雷夫为了更好地贯彻自己的理念和方法，一个人把所有学科都教了，杜绝可能出现的所有"破坏者"，而我的这次尝试做得并不彻底。所以拿来主义还要与我们的学情相结合才行。但是，不可否认，此次活动确实让孩子们收获了比成绩更重要的东西，那就是他们的自我意识和集体意识开始觉醒，最明显的变化体现在每周二的卫生大检查上。以前，每逢大检查都是我在班上反复强调、大声疾呼后，学生们才懒洋洋、慢吞吞、不情愿地打扫卫生，那行动仿佛是在告诉我，他们就是给我干的；可实行班币制度后，有次我在办公室忙事情没来得及去班上强调，结果他们自己打扫了卫生，而且还挺干净。再后来，组织班级活动时，他们变得比我还急，催促的、帮忙的，那可真是一个火热，我反倒是优哉游哉了。我觉得一个好的班级就像一个巨人，一旦他的灵魂苏醒，他的力量也将不可估量，而班级活动就是为班级巨人注入灵魂的最好途径。

理念的转变带来心态和教育期待的改变

闫学校长认为，一名好老师要能帮助学生向着光明美好的方向行走，而不仅仅为了获得成绩。期中考试学生成绩不好，我深刻反思了原因，明白了问题不在学生。就像每一个问题孩子背后都会有一个问题家长或问题家庭一样，我要做的是继续琢磨怎样唤醒他们心中更多的好品质，让他们向着光明美好的方向前行。我的心态在越来越多的教育故事的记录中,在越来越多的教育著作的阅读中慢慢改变,少了一份急躁与戾气,多了一份从容与自如。心态变了,对学生的期待也就随之改变,组织班级活动时也会想得更长远。学校规定期中考试后要在班中召开成绩分析总结班会,我没遵循这个规定,我把成绩分析会开成了"感恩父母"主题班会,用爱来唤醒学生内心深处的学习动力。

我利用前期"亲子书信大赛"中的两封信和王维审老师讲座时给我们看的《来一斤母爱》的视频开了那次"感恩父母"主题班会。会上,先由全班唯一一个在信中提到"孝"的冬冬读了她写给妈妈的信,让同学们思考"孝"是什么,说出哪些举动是孝,反思自己有没有做到孝敬父母;再由俊杰读他爸爸写给他的那封言语朴实、感情真挚的信,让同学们从自己父母身上找寻俊杰爸爸那种为了让孩子有好生活而坚忍付出的影子。从同学们的发言中,我感受到了他们内心的觉醒与变化,最后我用南京航空航天大学的孙宇给去世母亲的漫画视频《来一斤母爱》来告诉学生们,世间有一种悲哀叫"子欲养而亲不待",让大家珍惜当下,珍爱亲情。那天的班会上我跟全班同学一起为父母辛苦却无怨无悔的付出而落泪,为失去后才发现母爱珍贵的悔恨和悲伤落泪。第二天,历史老师在微信上给我留言说:"今天咱班的小测出乎意料得好,书写工整,大部分同学全对。"一次感恩父母主题班会让同学们的心灵再一次成长!看到微信的那一刻,我红了眼圈。这并不是一次多么出色的班会,可是学生们感受到了真情,依然成长了,而我自己也在和孩子们一起成长。

一年的相处很短暂,往往正是情浓时却要开始伤别离。学生们临升入新年级时,我给他们写了一封信,回忆了从分班时的陌生到现在的熟悉的点点滴滴。我把那封信当成纪念品发给大家。每个孩子都小心翼翼地拿着那封信,他们像我一样珍惜大家在一起的时光。我还把全班同学的花名册也一人一张发给大家,希望大家在多年后还能想起一起哭过、笑过的初一（8）班和那个一直在努力成长的李老师。

很期待新学期"叙事者"团队推出的共读书，因为越读书越发现自己知道得太少，就像王维审老师讲的那个处理班中孩子偷钱事件的故事一样，不读书永远也不知道还有更好的方法存在。我的成长源于"叙事者"共读、共写的引领，理念改变带来了行动的转变，我的成长之路可能走得有些步履蹒跚，却很期待能带着孩子们去探寻更美好的成长之路。这些日子我经常会想一个问题：新学期，我要以什么样的心态和姿态给学生以智慧的启迪和引领？我要给孩子们一份什么样的见面礼？我要和孩子们一起给班级巨人注入什么样的灵魂？比起这半年的尝试，这次的想法更全面细致，也更有系统性。

雪梅老师和团队成员更像是家人，在成长过程中遇到打击时，雪梅老师的抱抱、加油和成员们的鼓舞是让我坚定走下去的动力。记得在实行班币制度后的年级期中考试成绩分析会上，主任的一句"八班班风不好"让我的眼泪一下子冲到了眼眶。在这个管理严格的学校，"静"便代表了优秀。当时我硬生生地把泪忍了回去，后来我把改变管理方式却成绩不理想这事写了出来，大家看到后纷纷给我留言，我看着晓婷、丽丽、庆莲和晓燕的留言哭得稀里哗啦，那种找到知己的委屈和被人理解的温暖，全都随着眼泪流了出来。改变真的需要勇气，更需要一个温暖的团队和一群懂你的人。补充一下，我们初一（8）班这学期期末教育质量总评上升到了第二名，如果还能继续教下去，我相信还会更好，因为一个巨人的力量才刚刚发挥作用。

感谢我生命中那道温暖的光——杨雪梅老师，感谢"叙事者"活动发起人——王维审老师，遇见你们，我遇见了成长，遇见了更好的自己。

成长，我的心永远在路上。

（荣成雪梅读写团队　李楠）

警惕"浅层次努力"

　　初识雪梅，自然是因为她的文字，真挚朴实，她总是平等地与孩子对话，诚恳地反思自己，用悲悯却不滥情的口吻讲述故事。2016 年 4 月，《当代教育家》刊发了她的一篇千字文。让我们没想到的是，她这一年竟发表了上百篇文章，成为各大教育杂志作者群群友口中的"杨大牛"。

　　初次见面，是在本刊主办的"新经典"大讲坛教师培训会上。我试着问她：有没有兴趣来听会，帮着一起写写现场报道？她爽快地来了，可带来的笔记本电脑却罢工了。然而当晚，一篇上千字的感想却准时发到我的手机上。原来，她经常利用闲散时间在手机上写作，练就了"一指禅"神功。

　　第一次去看她时，她已经在带多达数十人的团队。据说，她通过阅读与写作获得成长的故事太受欢迎了，从 2017 年开始，全国各地的讲座邀约不断；每次讲座结束，都有上百人申请加她为好友。可是雪梅很"苛刻"，加好友容易，入团队却难，"我会想办法确定他是不是想清楚了。因为，没有谁能拉着一个人成长，他必须自己有奔跑的决心"。可喜的是，目前仅有 58 人的"荣成雪梅读写团队"在 2018 年发表了 240 余篇文章。

雪梅就是这样，时时都在给人惊喜。而两年前，雪梅还是一名特殊教育学校康复训练学科的老师，丝毫不会给人"一举成名"的感觉。被《中国教师报》评为"改革开放40年40人"，专注叙事教育研究多年的王维审老师说："我从没见过一个老师像她这样，四十岁前什么也没有，短短一两年，就靠写作成长起来了。"

这就是文字的力量吧！

本期圆桌，我们就与王维审老师和荣成雪梅读写团队一起，谈谈写作，谈谈教育，谈谈怎样把二者更好地结合到一起。

从一场"生存危机"说起

王维审：大家都知道台湾著名的冻顶乌龙吧？据说，台湾某高山产的乌龙是最好的。最先，那里的茶农在给茶树施肥的时候，都是在离茶树根大约一米的地方，往下挖一到两米深，把肥料埋进这个洞里面，非常费时费力。到了20世纪80年代，化肥开始在台湾盛行。和农家肥不同，化肥可以直接用水稀释，所以茶农们只需把稀释过的化肥直接浇在树根附近就行了，省事多了。一开始并没有多大的变化，可十几年后，使用化肥养护的茶叶的品质开始下降。再后来，当地发生大旱，很多茶树都旱死了，只有那些比较保守的老茶农用老办法种出来的树幸存下来，而且还长得很茂盛。

其实，那个地方是不缺水的，挖到三米以下，必定会见到水。那大家说说，为什么还是有大量茶树旱死了？

张丽芳：可能是因为茶树的根不再向下生长了。

王维审：对！因为这些茶农一直都在地面上施肥，茶树的根就不需要再向下生长了。而在根下一米左右施肥的传统方法，则迫使茶树向深处扎根，基本能长到有水源的地方。大家想一想，这个故事能给我们老师什么启示？

刘兰芳：我觉得这就像我们的教育生活，表面上看是一件件小事，其实背后都隐藏着教育道理。往下挖，才能看到故事中的道理，否则故事就只能是故事。

宋宏宏：我觉得，这个故事告诉我们教育不是立竿见影的事儿，就像我们常说的："教孩子五年要为孩子想五十年。"我们必须有长远的眼光，让孩子学会做人。

李楠：这个故事是不是说，教育不能跟风，要像老茶农种茶一样，坚持做符合常识的教育。有的校长搞活动，最多坚持两个月就算了，这样是不行的。我们的教育应该把握住本质的东西，一直坚持走下去。

王倩：听完您讲的这个故事，我感觉方向非常重要，但很多时候，方向怎么把握是很难的。化肥流行的时候，有些茶农走错了方向，同样的，我们老师在各方面的指挥下，在各种教育风潮下，也经常会有很多困惑。

王维审：我借着这位老师的话说吧！我实际上想借这个故事告诉大家：一些浅层次的努力，其实会耽搁一个人真正的成长。很多老师很努力、很勤奋，但他所做的事情的层次是很浅的。

举个例子。我发现老师们参加讲课比赛前，几乎全校同学科组的老师都要去帮忙打磨参与比赛的课，一轮又一轮，我们称之为磨课。到底打磨了哪些问题呢？很多都是纯技巧、技能的问题，比如：你应该站在哪个位置？应该穿什么衣服？这句话该怎么说？应该用什么声调？……如果这位老师得奖了，有些教研员就认为这是成果，觉得这位老师成长了。

可是，赛后这位老师回到常规课堂，你会发现他原来怎样上课，现在还是怎样上课。下一次他再去参加高一级的比赛，同样还要靠很多人的帮助，打磨的方式也差不多……久而久之，他可能认为所谓成长不过如此，渐渐就产生了职业倦怠。这就是被浅层次努力耽搁成长的一个具体例子。

当然，不是说老师在磨课中没有成长，而是我觉得可以有更深层次的"磨课"。比如反思：从这节课当中，我到底收获了什么？

做任何事情，当我们在某个层次上走了一段时间后，都需要进一步去寻找更深层次的目标，让我们的努力也一层比一层更深刻。咱们团队的老师写的文章已经很好了，也发表了很多。那么，大家对以后的写作目标有哪些考虑？是继续追求发表的数量，追求写作技能的提升，还是想从写作中获得其他的成长？

当叙事与学科相遇

刘春平：王老师，我其实对以后如何写下去比较迷茫。因为写教育叙事是需要素材的，可我不当班主任十多年了，肚子里仅有的一点存货已经用光了，就快写不下去了。所以我打算结合自己所教的历史学科，看能否从课堂中挖掘出一些写作素材。

王维审：这其中可能有一些误会。虽然现在德育叙事在教育叙事中占了很大比重，但教育叙事并不仅仅是德育叙事，你提到的"教学叙事"也是其中一部分。

比如今天你上完一节课，写写课堂中哪个问题处理得好，有什么经验；哪个问题处理得不好，有什么教训；或者你吸取他人经验，对某个教学片段进行思考……这些听起来很像教学反思，但它们并不是每篇听课笔记后面的那个应付检查的小方框。而且教学反思几乎只写反思，而教学叙事则要先把事情叙述清楚，然后再反思形成自己的经验，它其实多了一个用文字进行自我梳理的过程。

我经常跟校长们建议，以后不要再让老师们填听课笔记后面那个小方框，填那个还不如一学期让老师们提供三至五篇成形的教学叙事。

再有，叙事和学科结合还能形成叙事课堂，就是以故事为核心元素，对常规课堂进行叙事化设计。历史学科是非常容易与故事结合的，我甚至见过有数学老师把运算律变成了一个故事，这样，孩子们在课堂中续编故事就变成了续编数学题。我只是提供思路，具体怎么实施，还得靠老师们根据实际教学情况来思考。

用叙事击退职业倦怠

刘艳霞：我感觉，老师们当前面临的最主要问题是职业倦怠。现在大多数老师，包括我在内，首先考虑的是评职称。以前，评职称的希望渺茫，很多老师觉得自己一辈子也评不上，就抱着做一天和尚撞一天钟的心态。现在晋升职称的名额多起来，老师们会比较有动力，但等职称到手后，又觉得不需要再努力了。

为了避免产生职业倦怠，我希望自己能变成一名科研型教师，从写作入手，发现、研究自己教学管理、班级管理中的问题，在这个过程中提升自己的职业幸福感，也让孩子享受更大的发展空间。

王维审：职称就是这样，得到和得不到的都倦怠。你说得很对，让老师永远保持激情和前进动力的是研究。因为研究有一个什么特点呢？当你痴迷于研究的时候，其他所有问题对你来说都不重要了：职称啊，权力啊，收入啊……你在意的是：原本我一直困惑的问题，经过长时间的思考，终于有了答案！接着新的问题冒出来，你再次投入研究，这样，你会永远保持研究的热情。

叙事其实就是一种研究方式。我自己给"教育叙事"下过一个定义，即在记录教育事件的基础上，通过对事件进行反思和感悟，揭示内隐于中的教育经验与教训，从而形成个人教育主张的一种研究性写作。当然，它与我们常说的科研课题形式不同，但二者的研究性是一致的。做课题要围绕一个教育问题，通过各种实验得出可行性的方案；叙事也一样，我们的研究对象是自己写的这件小事，研究方式就是反思，研究成果是你反思之后提出的观点和主张。

杨雪梅：但我觉得通过叙事做研究还是有难度。研究是比较专业、比较深入的，而写到叙事文章里的事件往往是随机的、突发的，它的发生不受控制，持续时间也不会很长。我已经写了这么多，现在要等一个好的素材特别难。

王维审：遇到什么写什么，我把这种守株待兔式的写作称为"问题性写作"，即发现问题才去写，写完就结束了。但教育叙事其实还可以有"专题性写作"，这才是对教育教学真正有帮助的写作方式。

比如班里有一名问题学生，让人特别头疼，而且你没有快速改变他的法子，只能用时间和耐力慢慢来感化。那么，你不妨把他作为每天的观察对象，去写他的叛逆，写他的变化，写他的成长，并在这一过程中反思你的教育方式。我在书中提到过，我曾就一名学生写了七十多篇教育叙事，这种坚持最后真的让他成长了，而我也十分欣赏他成长的过程。

在专题性写作的过程中，你可以尝试多种教育方案，看能否解决问题，还可以请教专家……思考力、观察力、解决问题的能力就是这么提高的。最重要的是，你不会再对那个调皮的孩子生气了——你见过哪个科学家会对他的研究对象生气呀？正因为他的存在，你才有研究可做，你才能成为这方面的专家嘛。

师生共写，用孩子听得懂的语言

徐小辉：我们经常说，希望把暖性教育带给学生。但是，有时候我们并不能很好地控制自己。如果我们老师能遇到问题不马上发作，而是把问题写出来跟学生分享，那么，就能更好地了解学生的心理状态，进而高质量地交流、解决问题。

王维审：我们曾经这样做过，还由此开发了一个项目叫作"共写叙事"，先师生共写，然后亲子共写。尤其是学生上了初高中以后，亲子共写变得更加重要，因为他们已经不像小学时那么爱跟父母交流了。

咱们"叙事者"团队里的王玉鹏老师也谈过"师生共写"的体会，他说以前自己脾气很暴躁，学生迟到了，便不问原因予以惩罚，认为"你迟到了，我就要罚你"，后来参与"师生共写"活动后，再遇到学生迟到的情况，他会先站在学生的角度考虑迟到的原因：是不是路上车子坏了，家离得又特别远？是不是家里发生了什么事？更令我感动的是，他在黑板上开辟了一个师生对话平台，每天写一件班里发生的不好的事情，比如，"我们班发生了××问题，老师看到了很痛心，老师希望同学们……"学生看到了，不论赞成与否，都在下面用跟帖的方式跟他对话、讨论。

半年的时间，他和学生互动写作的内容就印成了一本书，起了个名叫《看见成长》。只要有人到他们学校拜访，他们学校就把这本书拿出来给别人看，很自豪。这位老师现在是我们全区最年轻的拥有中级职称的政教主任。

夏华杰：我正在和一年级的女儿进行亲子共写，已经坚持三个月了。但我是一名信息技术老师，不大会写故事，所以想请教王老师，我要怎么指导孩子写作呢？

王维审：我认为，亲子共写的目标并不是写出多好的故事，而是实现心灵的交流。你首先要把自己当成孩子，用孩子的语言去跟他交流。

有位朋友给我讲了一个故事——

她是小学一年级的班主任，一年级的学生特别喜欢告状，大事儿小事儿都跑去找她"打官司"，而且往往是一群人蜂拥而来。有一天，有两个学生打架了，很多学生涌到她的办公室来。其中一个学生说："老师，他打了我。"另一个学生说:"老师,不是,是他咬了我。"说来说去,也没有把事情说清楚。老师想:我问问其他孩子不就行了吗?于是就问:"你们谁看见了?到底是谁先打的谁?"一个学生说:"好像是甲先咬的乙。"另一个学生说:"不对,好像是乙先打的甲。"原来这些围观的人也搞不清楚到底是谁先惹的谁。

老师很生气,因为找不出先动手的,她就没办法进行责任划分,打先动手的"80 大板",后动手的"20 大板"。她心里一烦,就嚷道:"哎,别说啦,烦死啦。"随着她这一喊,她嘴里露出了一颗镶的大金牙,被其中一个打架的孩子看到了:"啊!老师有一颗大金牙!"另一个小孩儿凑过来一看说:"啊,老师真的有一颗大金牙!"就这样,他们的注意力一下子转移,不再关注打架了。老师一听,也笑了,结果更多的孩子围过来看:"啊,老师真有大金牙!"最后这些孩子哈哈大笑着抱团儿走了,在路上还一直喊着:"老师有一颗大金牙!"

这件事告诉了我们什么呢?

老师们为什么常常觉得很累,我想首要原因可能是领导给我们布置的任务重,另一个原因可能是我们不理解孩子,因为我们跟他们的差距太大了。碰到学生来告状,我们总是按照固定程序一本正经地先划分责任,而实际上孩子间的小打小闹,他们一会儿就忘了。我们老师如果能站在孩子的角度来解决问题,可能会取得意想不到的效果。

所以,你不要过于讲究"亲子共写"的质量。你要是以老师批改作文的那种要求去约束孩子,时间长了她就不写了。你要让她随意地写,自己也随意地写。故事对我们传统教育的改造就在于,它不会对谁指手画脚,而是将教育娓娓道来。

(《当代教育家》杂志采编部主任束晨晨策划整理)

后 记

古印度人说，人应该把中年以后的岁月全部用来自觉和思索，以便找寻到自我深处的芳香。这句话虽然说得有些漫不经心，却很容易戳中生命中的重要拐点。以至于，在这本书即将付印的时候，我想起了这句话，想起了那些跌跌撞撞的过往生活，以及后来慢慢开始的，跟随岁月进行的细致梳理。

1

刚工作时，我的视野所及不过是脚底下巴掌大的一方土地。在我有限的意识里，职业的成功仅仅囿于某次考试班级成绩得了第一，某次评比排在了年级前列。甚至于，我会因为教学成绩的零点五分之差而耿耿于怀，也会因为一句口头表扬而沾沾自喜。而人生的乐趣，也不过是能够在别人的评论里，捕捉到近乎蛛丝马迹的夸奖。

那时的我，的确是在认真地为别人而活。

2

随后的时间，我逐渐被一些明显而又卑劣的不公平灼伤，从那时起，我开始慢慢地意识到：在别人的目光里讨要欣赏与肯定，就像是一场靠天吃饭的农事，成功与否完全取决于他人的心情与恩赐。也就是在这样的意识下，我慢慢走向了写作，走向了在文字中的自我记录、自我肯定。因为文字，我学会了自己欣赏自己，习惯了自己评判自己。因为文字，我的精神骨骼慢慢生长并逐渐茁壮。与此同时，我还有了一些看得见的收获：从2016年开始，在山东文艺出版社马明秀老师的帮助下，我顺利完成了"觉者为师"系列的三本书，分别是《寻找不一样的教育》《做一个不再困惑的老师》《推开教育的另一扇窗》。

其中，《寻找不一样的教育》是对我近二十年教育叙事写作的一个总结和梳理，想要表达的是在人生最为迷茫的那段时光，如何通过叙事寻找到属于自己的成长方向。《做一个不再困惑的老师》中的文章大都选自我主持的几个教育写作专栏，是我在寻找教育方向的过程中，对教师专业发展进行的系统思考。《推开教育的另一扇窗》所传递的理念是，一个人如何通过专业写作走上研究之路，从而发现真实有效的教育之道，形成自己的教育特色。

这时的我，始终在认真地寻找自己。

3

《做有故事的教育》这本书，主要记录了我用故事"改造"现有教育方式的实践探索。从内容上来说，它开始由单纯的"写文章"逐渐转向对教育实践的提炼总结，实现了从写作者到研究者的顺利转身；从价值上来讲，它简单勾勒出了我对叙事教育理念的基本主张，成为我在教育研究历程上的重要拐点——它意味着纯粹写作时代的终结，也意味着教育科学研究的发端。

"觉者为师"系列图书，清晰地呈现了一个草根教师从迷茫困惑到渐次觉醒，从踟蹰不前到坚定成长的专业发展历程。于教师而言，心智的成熟、心灵的成长，是教育实践得以提升的基础。而教育实践的特色化探寻、教育经验的集中性朝向，为教育理念的形成提供了可能。事实上，"做有故事的教育"，就是在这一境遇下，历经二十多年的实践探索，逐渐形成的一种教育追求。我想，一个能够自觉成长的教师，终会找到自己的教育主张，并会温和而坚定地去实践和守护，这或许也是教师专业发展的终极样态。

　　最后，感谢山东文艺出版社，感谢编辑老师的辛苦付出，感谢一路走来始终鼓励我、激励我的读者朋友！

　　有了你们，我才有勇气继续认真地前行，认真地成为自己。

王维审

2019 年 1 月 14 日

图书在版编目（CIP）数据

做有故事的教育／王维审著. —济南：山东文艺出版社，
2019.4

ISBN 978 – 7 – 5329 – 5794 – 1

Ⅰ.①做… Ⅱ.①王… Ⅲ.①教育研究 Ⅳ.①G40 – 03

中国版本图书馆 CIP 数据核字（2019）第 042777 号

做有故事的教育

王维审 著

主管单位	山东出版传媒股份有限公司	
出版发行	山东文艺出版社	
社　　址	山东省济南市英雄山路 189 号	
邮　　编	250002	
网　　址	www. sdwypress. com	

读者服务	0531 – 82098776（总编室）
	0531 – 82098775（市场营销部）
电子邮箱	sdwy@ sdpress. com. cn

印　　刷	山东德州新华印务有限责任公司
开　　本	710 毫米 ×1000 毫米　1/16
印　　张	17　插页/2
字　　数	216 千
版　　次	2019 年 4 月第 1 版
印　　次	2020 年 7 月第 3 次印刷
书　　号	ISBN 978 – 7 – 5329 – 5794 – 1
定　　价	38.00 元

版权专有，侵权必究。如有图书质量问题，请与出版社联系调换。

教育发现

EDUCATION DISCOVERY · EDUCATION DISCOVERY · EDUCATION DISCOVERY · EDUCATION DISCOVERY

教育发现

EDUCATION DISCOVERY · EDUCATION DISCOVERY · EDUCATION DISCOVERY · EDUCATION DISCOVERY · EDUCATION DISCOVERY · EDUCATION DISCOVERY EDUCATION DISCOVERY · EDUCATION DISCOVERY · EDUCATION DISCOVERY · EDUCATION DISCOVERY · EDUCATION DISCOVERY CATION DISCOVERY · EDUCATION DISCOVERY · EDUCATION DISCOVERY · EDUCATION DISCOVERY EDUCATION DISCOVERY